CHRISTIE DUFAULT & JORDAN MACKAY

Zwei in der Küche

Kochbuch für
glückliche Paare

FOTOGRAFIEN von KATE SEARS

AUS DEM AMERIKANISCHEN von JULIA BECHER

Hölker Verlag

Vorwort von

CHRISTIE & JORDAN

Wir lernten uns auf die selbstverständlichste Weise kennen, die angesichts unserer Berufe möglich ist: im Restaurant. Christie war Weindirektorin in einem der besten Lokale San Franciscos. Jordan arbeitete als Weinautor für ein Stadtmagazin und schrieb gerade einen Artikel über Sommeliers. Von allen, die Jordan interviewte, war Christie die Einzige, die ihm ein Glas Champagner anbot. Es war ein H. Billiot Fils Brut Rosé. Eine Dekade später trinken wir ihn, in Sentimentalität schwelgend, noch immer.

Nun sind wir seit fünf Jahren verheiratet und Wein und Essen stehen weiterhin im Mittelpunkt unserer Beziehung. Heute unterrichtet Christie Weinkunde am Culinary Institute of America im Napa Valley, während Jordan über das große Universum von Essen, Wein und Spirituosen schreibt. Durch unsere Arbeit haben wir Zugang zu den Kreationen der weltbesten Küchenchefs, Barkeeper und Winzer. Doch am meisten Freude bereitet es uns, zusammen Drinks zu mixen, Weine zu entkorken und zu kochen.

Wir sind beide in Familien aufgewachsen, in denen die gemeinsamen Mahlzeiten heilig waren. Viele Rituale aus dieser Zeit beeinflussen uns noch heute. Jedes Abendessen beginnen wir damit, den Tisch schön einzudecken – mit Stoffservietten und edlen Weingläsern –, und mit derselben Aufmerksamkeit bereiten wir auch das Menü zu. Ob es ein schlichtes Essen für zwei in der Küche ist, ein Brunch für Freunde im Freien oder ein Feiertagsdinner im Esszimmer – jede Mahlzeit verdient ein einladendes Ambiente und wird mit viel Liebe zubereitet. So genießen wir das Zusammensein. Wir hoffen, dass Sie ebenso viel Glück in der Küche empfinden werden, wie wir es tun.

DIE KOCHENDEN PAARE

JULIE & MATT WALKER

Julie und Matt, die Eigentümer des Kreativ-Ateliers Tiger in a Jar (www.tigerinajar.com) in Salt Lake City, Utah, sind auf Filme und künstlerische Gestaltungsprojekte spezialisiert. Sie suchen nach neuen Wegen, um aus gewöhnlichen Dingen Außergewöhnliches zu machen. Den größten Teil ihrer Freizeit widmen sie ihrer Leidenschaft fürs Essen.

SAUKOK & JAMIE TIAMPO

Jamie, gelernter Koch und Fotograf, ist Eigentümer von SeeFood Media, einem Studio, das Kochsendungen für Internet und Fernsehen produziert. Saukok ist Inhaberin von 57Grand, einer von New York inspirierten Hochzeitskollektion, sowie von REVEL, einem Internetshop rund ums moderne Feiern.

MINDY SEGAL & DAN THOMPKINS

Mindy, Gewinnerin des James Beard Award 2012 in der Kategorie Beste Chefkonditorin, ist Besitzerin des HotChocolate, Restaurant und Dessert-Bar in Chicago. Ihre Artikel sind in zahlreichen nationalen Zeitschriften veröffentlicht worden. In ihrer Freizeit findet man Mindy und Dan auf der Jagd nach Antiquitäten oder in kleinen Privatbrauereien rund um die Welt.

AKI KAMOZAWA & ALEX TALBOT

Als Miteigentümer von Ideas in Food (www.ideasinfood.com) – Buch, Blog und Consulting-Firma in Levittown, Pennsylvania – bieten Aki und Alex Köchen und anderen kulinarischen Fachleuten maßgeschneiderte Workshops für moderne Kochkunst und Fotografie sowie Schreibkurse.

ANDREA REUSING & MAC MCCAUGHAN

Andrea ist Köchin und Eigentümerin des Lantern Restaurants in Chapel Hill, North Carolina, sowie Autorin des Kochbuchs Cooking in the Moment: A Year of Seasonal Recipes. Mac spielt in den Bands Superchunk und Portastatic und ist der Mitgründer des unabhängigen Plattenlabels Merge Records.

MOLLY WIZENBERG & BRANDON PETT T

Molly und Brandon eröffneten 2009 das Restaurant Delancy in Seattle, in dem Brandon Chefkoch ist. Molly baute die Seite Orangette (www.orangette.net) auf, die von der London Times zum weltbesten Foodblog gekührt wurde. Ihr erstes Buch war ein New-York-Times-Bestseller.

LISA & EMMETT FOX

Nachdem sie mehrere Jahre eine Catering-Firma und verschiedene Restaurantküchen in Boston geleitet hatten, zogen Lisa und Emmett nach Austin. Dort eröffneten sie die ASTI Trattoria und das FINO Restaurant Patio & Bar. Beide Orte spiegeln ihre anhaltende Leidenschaft für das Reisen und kulinarische Abenteuer wider.

INHALT

ZWEI KÖCHE *in der* KÜCHE

Wenn wir vom gemeinsamen Kochen reden, meinen wir nicht, dass vier Hände jeden Schritt zusammen ausführen. Vielmehr geht es darum, zu zweit ein großartiges Gericht zuzubereiten – egal ob es nur für uns ist oder für einen Tisch voller Gäste. Ungeachtet des Aufwands ist unser Mantra immer dasselbe: teile und herrsche. Mit anderen Worten: Wir teilen die verschiedenen Aufgaben untereinander auf, machen dann jeder unser eigenes Ding und treffen am Ende wieder zusammen.

Unser gemeinsames Kochen beginnt damit, eine Strategie zu entwerfen. Zuerst überlegen wir uns ein Menü und klären dann, wer für die einzelnen Gänge zuständig ist. Wir schreiben einen Einkaufszettel und einer von uns geht mit der Riesenliste auf den Markt. Währenddessen bleibt der andere zu Hause und bereitet vor, was bereits zur Hand ist.

Wir mögen Rezepte, aber wir mögen es auch, sie abzuwandeln. Das ist der große Vorteil beim gemeinsamen Kochen: Einer von uns hat immer eine gute Idee, was man weglassen oder hinzufügen könnte. Während wir unsere jeweiligen Gerichte planen und an ihnen herumfeilen, teilen wir fast pausenlos unsere Einfälle und Gedanken. Und eine Sache, die wir gelernt haben, wird auch Ihnen helfen: Bevor wir mit dem Kochen beginnen, lesen wir das Rezept von Anfang bis Ende durch. Andernfalls kann es nämlich schnell zu bösen Überraschungen kommen.

VORBEREITUNG IST ALLES

Eine gute Vorbereitung ist unverzichtbar. Genau wie in Fernseh-kochshows sollten Sie wiegen, hacken und die Zutaten sortieren, bevor Sie mit dem Kochen beginnen. Das hilft, Stress zu ver-meiden, die Küche bleibt aufgeräumt und das Gericht wird bes-ser gelingen. Wir haben immer einige Schüsseln griffbereit. So lassen sich die vorbereiteten Zutaten bis zur Verarbeitung gut aufbewahren.

Wichtig ist uns auch die Sauberkeit. Wir lassen nichts liegen und wischen die Arbeitsfläche nach jedem Schritt ab. Außerdem erweist es sich immer als nützlich, einen großen Vorrat an Geschirrtüchern zur Hand zu haben (weitaus mehr, als Sie zu benötigen glauben). Und die benutzen wir auch großzügig.

Kommunikation ist der Schlüssel zum erfolgreichen Kochen. Auch wenn jeder an seinen eigenen Aufgaben arbeitet, herrscht in der Küche ein fröhlicher Plauderton. Ist dies schon gar? Ist das fein genug gehackt? Verträgt jenes noch mehr Salz? Dabei res-pektieren wir immer den Geschmack des anderen, sodass unsere anhaltenden Konversationen jedes Gericht zu einer fröhlichen Gemeinschaftsarbeit werden lassen.

Nichts ist deprimierender als eine unordentliche Küche. Daher haben wir es uns als Ziel gesetzt, sie vor jedem Schlafengehen in ihren ursprünglichen Zustand zurückzuversetzen. (Der Erfolg dieses guten Vorsatzes hängt natürlich davon ab, wie lange sich das Abendessen hinzieht und wie viel Wein getrunken wird.) Genau wie das Kochen ist auch das Aufräumen eine gemeinsame Leistung. Einer von uns schrubbt die Pfanne, während der ande-re die Kerzen ausbläst und den Tisch abwischt. Und wenn am Ende alles erledigt und auch das letzte Handtuch zum Trocknen aufgehängt ist, wissen wir, dass wir das Chaos besiegt haben.

SELBSTBEWUSSTSEIN IN DER KÜCHE

Wenn Sie sich auch als Kochanfänger in der Küche wohlfühlen wollen, nehmen Sie sich nur ein einzelnes Gericht vor. Wechseln Sie sich mit dem Auswählen des Rezepts ab oder konzentrieren Sie sich auf eine bestimmte Länderküche und wählen Sie daraus die Gerichte aus. Sie können jede Mahlzeit mit leckerem Brot und einem einfachen grünen Salat abrunden. Je besser Sie sich selbst beim Kochen fühlen, desto entspannter werden Sie auch für andere kochen.

SPASS AM FEIERABEND

Wenn Sie beide einen langen Tag hatten, soll das Kochen keine lästige Pflicht sein. Hier ein paar Ideen, wie Sie mit Spaß ans Werk gehen können:

Wagen Sie Neues. Zu viel Routine macht das Kochen schnell lästig. Probieren Sie neue Re-zepte aus, die Sie vorher noch nie gekocht haben.

Schmeißen Sie den Grill an. Auch an kalten Ta-gen kann ein wenig Feu-er und Rauch im Garten oder auf dem Balkon müde Geister wecken.

Veranstalten Sie Ihren eigenen Kochwett-bewerb. Gehen Sie in den Supermarkt und kaufen Sie verschiedene willkürlich zusammen-gestellte Zutaten ein. Fordern Sie anschlie-ßend Ihren Partner he-raus, etwas Leckeres daraus zu kochen. Tau-schen Sie in der folgen-den Woche die Rollen.

Zelebrieren Sie das ge-meinsame Abendessen am Tisch. Gewöhnen Sie sich nicht an, während des Essens fernzusehen. Kochen Sie stattdessen zusammen und genießen Sie die Mahlzeit mit Wein und Kerzenlicht am Esstisch.

Le Diner du Soleil

Aperitif

Shaved Zucchini
Salad

Herb-Roasted
Pork Loin

Plâteau Fromage)

Grilled Plums

ZUSAMMEN GASTGEBER SEIN

Wir haben häufig Gäste. Denn gemeinsam zu kochen und mit anderen zu genießen, macht einfach Spaß. Es ist schön, wenn es in der Küche gut klappt und man als Team funktioniert. Und das Gefühl, unseren Freunden einen wunderschönen Abend und eine gute Zeit zu bescheren, macht regelrecht süchtig.

Wenn Sie den Aufwand des Gastgebens gerne in Kauf nehmen, lassen Sie den Abend unvergesslich werden. Wie Sie das erreichen? Wir schreiben zum Beispiel jedes Menü mit Datum auf eine Tafel und platzieren sie dann im Esszimmer. Ein einfacher Kniff mit großer Wirkung. Außerdem machen wir von jedem Gang ein Bild fürs Fotoalbum.

Manchmal überlegen wir uns auch ein Motto. Dann orientieren wir uns an Kochshows aus dem Fernsehen, indem wir eine bestimmte Zutat festlegen, die in jedem Gericht verwendet werden muss. Oder wir planen ein Abendessen rund um eine bestimmte Weinregion wie die Toskana, die wir sehr lieben. Oder aber wir scheuen keine Kosten und Mühen, um eine spezielle saisonale Zutat zu feiern – zum Beispiel Austern von der Küste oder ein Stück edles Fleisch.

Ein Abendessen mit Gästen sollte auch für die Gastgeber unvergesslich sein. Daher lohnt es sich, Zeit in die Planung zu investieren. Denn nichts ist enttäuschender, als am Ende einer fabelhaften Party festzustellen, dass man vor lauter Anstrengung sich selbst kaum amüsieren konnte. Gut vorbereitet zu sein, um sich dann mit dem Strom treiben zu lassen: Das ist der beste Weg, um auch Ihnen als Gastgeber einen schönen Abend zu garantieren.

EINE GUTE BARAUSSTATTUNG

Gin: Eine Flasche guter, vielseitiger Gin, z.B. Plymouth oder Beefweater.

Whiskey: Bis zu drei Sorten sind ideal: Bourbon, Blended Scotch und Single Malt Scotch.

Wodka: Eine mittlere Auswahl ist ausreichend.

Campari: Der weltbeste Aperitif.

Tequila: Ein Tequila Blanco, z.B. El Tesoro.

Rum: Für verschiedenste Cocktails kann man einen einfachen dunklen Rum verwenden.

Brandy: Ein anständiger Cognac oder Armagnac eignet sich bestens sowohl zum Trinken als auch zum Kochen.

Wermut: Bewahren Sie eine halbe Flasche süßen und eine halbe Flasche trockenen Wermut im Kühlschrank auf.

Cointreau: Ein Likör mit Orangengeschmack, der für viele Cocktails, von Margarita über Sidecar bis zu Cosmopolitan, unverzichtbar ist.

Kräuterbitter: Ein bitterer italienischer Digestif, z.B. Ramazzotti, Fernet-Branca oder Averna, hilft, ein üppiges Essen zu verkraften.

DIE EIGENE HAUSBAR EINRICHTEN

Ob wenige Flaschen auf einem Tablett oder ein ganzer Schrank voller Lieblingsspirituosen – es geht nichts über eine gut ausgestattete Bar. Manchmal ist ein Cocktail oder ein Schluck Hochprozentiges passender als Bier oder Wein. Und es ist doch schön, seinen Gästen alle Wünsche erfüllen zu können.

Glücklicherweise lässt sich eine gute Bar mit nur wenig Zubehör leicht zusammenstellen. Zunächst benötigen Sie einen Cocktailshaker, den es in zwei Grundmodellen gibt: Der Standardshaker ist aus Metall gemacht und besteht aus einem Becher, einem fest schließenden Deckel sowie einem eingebauten Sieb. Wenn der Shaker kalt ist, lässt er sich allerdings nur schwer öffnen. Deshalb bevorzugen wir den Bostonshaker. Er kombiniert einen Metallbecher mit einem passenden Glasbehälter. Für den Bostonshaker benötigen Sie einen sogenannten Hawthorne Strainer, ein rundes Sieb mit einer Spiralfeder, die um den Rand verläuft und schön fest sitzt. Außerdem brauchen Sie einen langen Barlöffel zum Umrühren der Cocktails. Und Sie sollten sich einen Jigger anschaffen, einen zweiteiligen Messbecher zum Dosieren von 2 cl auf der einen, und 4 cl auf der anderen Seite. Eine Zitronenpresse ist ebenso nützlich wie der sogenannte Zester zum Schneiden von Spiralen, den Zitronentwists.

Idealerweise ist Ihre Bar auch mit den richtigen Gläsern ausgestattet: mit Martinigläsern (für jede Art gekühlter Drinks ohne Eis), Whiskeygläsern (für auf Eis servierte Mixdrinks oder reine Spirituosen mit oder ohne Eis), und mit hohen Longdrinkgläsern (für kohlensäurehaltige Mischungen, die auf Eis serviert werden). Für das Servieren von Kräuterbittern oder anderen Digestifs sollten Sie zusätzlich kleine Gläser bereithalten.

Der eigentliche Härtetest für eine Bar sind jedoch die alkoholischen Grundlagen. Für eine komplett ausgestattete Hausbar, geben wir Ihnen hier eine Liste der unentbehrlichen Spirituosen. Sollte dies Ihr Interesse oder den Platz Ihrer Bar übersteigen, reduzieren Sie die Anzahl. Möchten Sie hingegen Ihr Sortiment erweitern, können Sie verschiedene Sorten Gin ausprobieren, die Whiskeyauswahl um einen Roggenwhiskey ergänzen oder einen Tequila Reposado testen. Um das Angebot abzurunden, halten Sie kleine Flaschen Soda- und Tonic-Wasser in der Bar oder Ihrer Küche bereit. Ergänzen Sie Wein und Bier (Seite 237–238) und schon sind Sie für jede Gelegenheit bestens ausgestattet.

CHECKLISTE FÜR EINE GROSSARTIGE DINNERPARTY

Was eine erfolgreiche Dinnerparty ausmacht, empfindet jedes Paar anders. Wir möchten Sie ermutigen, zusammen Ihr eigenes Erfolgsrezept zu finden. Hier stellen wir Ihnen einige Ideen und Anregungen vor, die uns dabei helfen, die schönsten Feiern auszurichten.

WÄHLEN SIE EINEN ANLASS AUS. Überlegen Sie, was der Anlass der Feier ist. Wird es ein festliches Beisammensein oder ein Abend voller philosophischer Gespräche? Wählen Sie Essen, Drinks und Musik danach aus.

ENTSCHEIDEN SIE SICH FÜR EIN MENÜ. Dinnerpartys sind gute Gelegenheiten, sich an ambitionierten Kochvorhaben zu versuchen, die Sie bisher immer aufgeschoben haben. Nehmen Sie sich jedoch nichts vor, das Sie nicht sicher bewältigen können. Denn nichts ist schlimmer, als an der Küchenfront überfordert zu sein. Wir planen tolle Menüs, von denen wir genau wissen, dass wir sie gemeinsam meistern und gleichzeitig das Essen genießen können.

BEACHTEN SIE DIE JAHRESZEITEN. Im Winter kann eine Gazpacho nicht zufriedenstellen, und für einen Augusttag sind geschmorte Rippchen einfach zu schwer. Grillen Sie im Sommer im Garten oder servieren Sie Cocktails auf dem Balkon. Für kalte Tage sind herzhafte Gerichte und warme Getränke ideal.

ARBEITEN SIE IM VORAUS. Versuchen Sie, so viel wie möglich vorzubereiten, sogar schon ein oder zwei Tage im Voraus. Bereiten Sie Saucen oder Suppen vorher zu, waschen Sie Salat und Gemüse. Selbst braunes Fleisch, das erst kurz vor dem Servieren im Ofen fertig gegart wird, können Sie vorbereiten.

PLANEN SIE DIE SITZORDNUNG. Nach unserer Hochzeit haben wir eine schöne Idee aus der französischen Kultur kennengelernt: Paare sitzen während ihrer Verlobungszeit sowie im ersten Jahr ihrer Ehe bei Feiern nebeneinander. Danach sitzen sie getrennt, um sich mit den anderen Gästen unterhalten zu können.

SERVIEREN SIE VORSPEISEN UND DRINKS. Eine gute Stunde mit Knabbereien und Drinks vor dem Essen hilft allen, es sich gemütlich zu machen, und erhöht die Vorfreude aufs Menü. Bieten Sie Cocktails, Wein und Bier an. Servieren Sie dazu eine Auswahl an leichten Häppchen, zum Beispiel Oliven und Nüsse (Käse servieren wir im französischen Stil erst vor dem Dessert).

WÄHLEN SIE DEN WEIN MIT SORGFALT. Suchen Sie einen Wein aus, der zum Essen passt. Mit anderen Worten: Entscheiden Sie sich nicht einfach für den Wein, den Sie am liebsten mögen – wählen Sie einen, der das Menü abrundet. Dekantieren Sie jene Weine, die es erfordern, und öffnen Sie alle Flaschen, bevor Sie das Essen servieren. Der passende Wein sollte bereits in den Gläsern sein, wenn das Essen serviert wird, nicht erst danach.

DEN TISCH MIT STIL ABRÄUMEN. Gehen Sie das Abräumen des Tischs mit derselben Sorgfalt und Aufmerksamkeit an, wie es die Mitarbeiter eines erstklassigen Restaurants tun: Beginnen Sie erst damit, das Geschirr abzuräumen, wenn alle Gäste mit dem Essen fertig sind.

DIE PASSENDE MUSIK ALS ZUSÄTZLICHER GANG. Gute Musik ist unersetzlich für ein gelungenes Dinner. Die Jahreszeiten beziehen wir in die Auswahl mit ein: besinnlicher Jazz im Herbst und Winter, im Frühling und Sommer schwungvollere Musik wie Indie Rock, Pop, flotter Jazz und Countrymusik.

FRÜHSTÜCK & BRUNCH

FRÜHSTÜCK & BRUNCH

*Es ist erstaunlich, wie sehr sich unser Leben
um das schlichte, aber schöne braune Hühnerei dreht,
von dem wir jede Woche ein Dutzend kaufen.*

Christie Jeden Samstagmorgen sind wir unterwegs. Wir gehen dann
schon früh auf den Markt, denn mittags ist Brunchzeit. Von zu Hause
aus können wir zwei Märkte bequem mit dem Fahrrad erreichen:
den glamourösen Markt in der Innenstadt oder den bodenständigen,
günstigen Markt um die Ecke. Für welchen der Märkte wir uns entscheiden, hängt davon ab, wie gut es unseren Portemonnaies geht.

Jordan Durch meinen Beruf ist meine Liebe zum Cocktail losgelöst
von der Cocktailstunde. Das heißt, dass ich nach unserer Rückkehr
vom Markt kaum widerstehen kann, ein Ei für einen kleinen Ramos
Fizz oder Pisco Sour aufzuschlagen. Je frischer das Eiweiß, desto
lockerer der Schaum.

Christie Was sollen wir zum Brunch kochen? Wir haben frische
braune Eier, also ist ein Omelett oder eine Frittata ein Muss. Kartoffeln? Schnell ankochen und dann braten, bis sie knusprig-braun
sind. Champignons, Kohl, Brokkoli – was immer wir eingekauft haben,
wird zusammen mit Kräutern und Ziegenkäse unter die Eier gemischt.

Jordan Ich genieße es, mit einem leichten Cocktail in der Hand zu
kochen. Ja, ein Drink noch vor dem Mittag scheint ein bisschen zu viel
des Guten. Aber ist es nicht genau das, wofür der Mittagsschlaf am
Wochenende da ist?

Christie Wegen meiner französischen Wurzeln bestehe ich darauf,
jedwede Eierspeise mit einem einfachen grünen Salat zu ergänzen.
Wenn das Essen fertig ist, wählen wir aus unseren Weinvorräten
einen spritzigen und erfrischenden Weißwein aus, zum Beispiel
einen Petit Chablis oder Muscadet, den wir zum Brunch genießen –
ebenfalls sehr Französisch.

IDEEN *für schnelle* SMOOTHIES

Smoothies sind unter der Woche eine unserer liebsten Frühstücksvarianten. Sie ermöglichen, auf die Schnelle eine hohe Dosis an wertvollen Früchten zu sich zu nehmen. Je nach Geschmack und Jahreszeit lassen sich Smoothies gut variieren und sind in einer Minute fertig.

Unser Gefrierschrank ist voll mit jeder Art von gefrorenen Früchten, die man sich nur denken kann. Wir bevorzugen gefrorenes Obst, weil wir so für unsere Smoothies keine Eiswürfel brauchen, die sie nur verwässern würden. Außerdem haben wir immer eine Auswahl von Säften vorrätig, mit denen wir den Geschmack verfeinern können. Apfelsaft ist einer unserer Favoriten, genau wie die exotischeren Ananas-, Guaven- und Mangosäfte. Griechischer Joghurt ist eine weitere beliebte Zutat, die für eine cremige Konsistenz sorgt und viele Proteine und Vitamine liefert.

ERDBEER-BANANE
1 gefrorene Banane + 1 Handvoll gefrorene Erdbeeren + 1 Spritzer Apfelsaft + 1 EL Naturjoghurt.

BANANE-ZIMT
2 gefrorene Bananen + 1 Spritzer frischer Orangensaft + 1 EL Naturjoghurt + 1 Spritzer Sahne + 2 Prisen Zimt.

TROPISCHE FRÜCHTE
1 gefrorene Banane + je 1 Handvoll gefrorene Blaubeeren und Brombeeren + 1 Spritzer Guavennektar + 1 Spritzer ungesüßte Kokosmilch.

PFIRSICH POWER
2 Handvoll gefrorene Pfirsiche + ½ gefrorene Banane + 1 Spritzer Pfirsichnektar + 1 EL Naturjoghurt + 1 Prise weißer Pfeffer + 1 Prise Zimt.

IDEEN *für schnelles* RÜHREI

Rührei ist eine unserer liebsten Speisen, wenn es aufs Wochenende zugeht. Und es ist ein echter Evergreen. Man braucht kein richtiges Rezept und kann all den Käse, das Fleisch, Gemüse und die frischen Kräuter, die man gerade griffbereit hat, verarbeiten.

Je nachdem, welche Zutaten Sie für Ihr Rührei verwenden, sollten Sie als Erstes rohes Fleisch garen und rohes Gemüse dämpfen oder braten, bis es zart ist. Stellen Sie Fleisch und Gemüse auf einem Teller beiseite. Schlagen Sie die Eier in eine Schüssel auf, fügen Sie je eine Prise Salz und Pfeffer hinzu und verquirlen Sie die Mischung leicht. Geben Sie etwas Butter in eine Pfanne und erhitzen Sie sie bei mittlerer Temperatur. Wenn die Butter schäumt, fügen Sie die Eier zu und braten Sie sie unter Rühren ca. 1½–2 Minuten, bis sie zu stocken beginnen. Fügen Sie nun nach Belieben gegartes Fleisch oder Gemüse, Käse, Croûtons oder Kräuter zu und braten Sie alles unter Rühren für weitere 2–3 Minuten. Geben Sie das Rührei auf Teller und servieren Sie es mit scharfer Pfeffersauce und Toastbrot. Jedes Rezept ergibt 2 Portionen.

BACON-PARMESAN

1 EL Butter – 4 große Eier + 1 Handvoll Croûtons + 4 Scheiben auseinandergezupfter und gebratener Bacon + geriebener Parmesankäse + gehackte glatte Petersilie.

BROKKOLI-KARTOFFEL

1 EL Butter + 4 große Eier + 2 Handvoll gedämpfter Brokkoli + 1 Handvoll gewürfelte und gekochte Kartoffeln + geriebener Gruyère + 1 Prise Dill.

SPINAT-CHEDDAR

1 EL Butter + 4 große Eier + 2 Handvoll gedünsteter junger Spinat + geriebener Cheddar.

RICOTTA-SCHNITTLAUCH

1 EL Butter + 4 große Eier + 1 Bund frischer und gehackter Schnittlauch + 1 EL Ricotta.

DENVER

1 EL Butter + 4 große Eier + 1 Handvoll gehackte und gebratene Pilze + ½ gewürfelte und gedünstete Zwiebel + Kochschinkenwürfel.

TOMATE-MINZE

1 EL Butter + 4 große Eier + 1 gehackte und sautierte Schalotte + 1 gehackte Tomate + frische gehackte Minze.

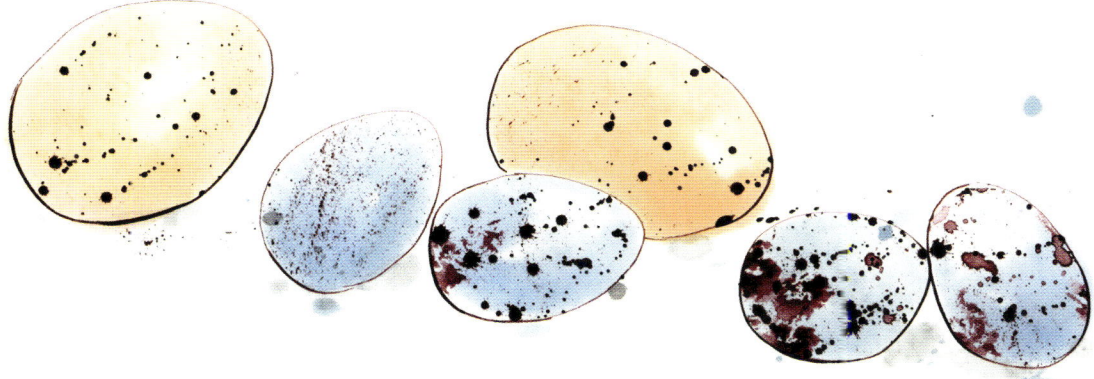

MÜSLI MIT GRIECHISCHEM JOGHURT UND HONIG

Die geniale Kombination von Joghurt und
Honig haben wir in Griechenland entdeckt.
Der intensive Honiggeschmack ist ein toller
Gegensatz zum erfrischenden Aroma des
Griechischen Joghurts, der cremiger ist als
die meisten im Handel erhältlichen Joghurts.
Mit Müsli und frischen Früchten ergibt sich so
ein leckeres Frühstück.

ZUTATEN

FÜR DAS MÜSLI

280 g kernige
Haferflocken

30 g Walnusskerne,
grob gehackt

30 g Mandeln,
grob gehackt

45 g Cashewkerne,
halbiert

2 EL ungesüßte
Kokosflocken

75 g Ahornsirup

1 TL Vanilleextrakt

60 ml Sesamöl

90 g getrocknete
Aprikosen, in Stücke
geschnitten

90 g getrocknete
Cranberrys

AUSSERDEM

500 g Griechischer
Joghurt

250 g gemischte Beeren
(optional)

90 g Honig

KÜCHENHELFER

1 Küchenmesser,
verschiedene Rührschüsseln,
1 tiefes Backblech

Den Ofen auf 165 °C vorheizen.

Für das Müsli die Haferflocken, Walnüsse,
Mandeln, Cashewkerne und Kokosflocken in
einer großen Schüssel miteinander mischen. In
einer kleineren Schüssel Ahornsirup, Vanille
und Sesamöl verrühren. Die Sirupmischung
über die Müslimischung träufeln und gut
vermengen, sodass sich der Sirup gleichmäßig
verteilt. Alles auf das Backblech geben und in
den Ofen schieben.

Ca. alle 7 Minuten durchrühren, bis die
Haferflocken goldbraun sind. Dies dauert
ca. 30 Minuten. Danach sollte das Müsli eine
eher trockene als feuchte Konsistenz haben.
Richtig knusprig wird es jedoch erst nach dem
Abkühlen. Sobald die Haferflocken genug
Farbe angenommen haben, aus dem Ofen
nehmen und die Aprikosen und Cranberrys
untermengen. Alles zusammen auf dem Backblech auskühlen lassen. In einem luftdicht
verschlossenen Behälter ist das Müsli bei
Zimmertemperatur bis zu 1 Woche haltbar.

Das Müsli mit Joghurt und – je nach Geschmack – mit Beeren servieren und den Honig
darüberträufeln.

FÜR 4 PERSONEN

TRADITIONELLER HAFERBREI
MIT HIMBEERKOMPOTT

Nichts wärmt an einem kalten Morgen besser als eine Schüssel voll dampfendem Haferbrei. In diesem Rezept wird er mit Himbeeren in Mandelsirup serviert. Kochen Sie die Haferflocken in Milch anstatt in Wasser, so werden sie cremiger. Allerdings sollten Sie keine zarten, sondern kernige Haferflocken nehmen, die eine bessere Konsistenz haben.

ZUTATEN

FÜR DAS HIMBEER-KOMPOTT

125 g Zucker

2 TL Zitronensaft, frisch gepresst

¼ TL Mandelextrakt

125 g Himbeeren

FÜR DEN HAFERBREI

1 l Vollmilch

¼ TL Salz

185 g kernige Haferflocken

KÜCHENHELFER

1 Küchenmesser, 1 kleiner Topf,
1 hitzebeständige Rührschüssel,
1 Zitronenpresse, 1 Topf

Für das Himbeerkompott 125 ml Wasser mit dem Zucker bei geringer Temperatur in einem kleinen Topf verrühren, bis sich der Zucker auflöst. Von der Herdplatte nehmen und in die Schüssel geben. Mit Zitronensaft und Mandelextrakt verrühren. Den Sirup auf Zimmertemperatur abkühlen lassen und dann die Himbeeren zufügen. Die Mischung beiseitestellen.

Für den Haferbrei Milch und Salz in den Topf geben und bei mittlerer Temperatur ca. 3 Minuten erhitzen, dann langsam die Haferflocken einrühren. Auf kleinster Stufe ohne Deckel köcheln lassen. Die Temperatur ggf. anpassen und regelmäßig umrühren, bis die Haferflocken nach ca. 10 Minuten die Milch vollständig aufgenommen haben und der Brei schön cremig ist. Von der Herdplatte nehmen, abdecken und ca. 3 Minuten ruhen lassen.

Den Haferbrei in Schüsseln füllen, das Himbeerkompott darüber verteilen und servieren.

FÜR 4 PERSONEN

GEGRILLTE GRAPEFRUIT MIT BRAUNEM ZUCKER

Für dieses Rezept können Sie jede Sorte Grapefruit verwenden. Weiße Früchte sind jedoch herber als pinke und rote, sodass der braune Zucker noch besser zur Geltung kommt.

ZUTATEN

3 Grapefruits, halbiert
6 EL brauner Zucker

KÜCHENHELFER

1 Küchenmesser, 1 tiefes Backblech

Den Ofen mit zugeschalteter Grillfunktion auf Höchsttemperatur vorheizen. Das Backblech mit Backpapier auslegen.

Die Grapefruits mit der Schnittfläche nach oben auf das Backblech legen. Auf jede Frucht-hälfte 1 Esslöffel braunen Zucker geben. Im Ofen 2–3 Minuten grillen, bis der Zucker geschmolzen ist und Blasen wirft. Auf einer Servierplatte oder in Schüsseln anrichten.

FÜR 6 PERSONEN

CRANBERRY-ORANGEN-MUFFINS

Wenn im Herbst und Winter frische Cran-berrys Saison haben, kaufen Sie ein paar Tüten mehr und frieren Sie diese ein.

ZUTATEN

315 g Mehl
125 g Zucker
105 g brauner Zucker
2 TL Backpulver
½ TL Salz
Geriebene Schale einer Bio-Orange
60 g zerlassene Butter, plus Butter zum Einfetten der Muffin-backform

1 großes Ei
125 ml Milch
125 ml Orangensaft, frisch gepresst
185 g Cranberrys, frisch oder TK, unaufgetaut
60 g Walnüsse, gehackt

KÜCHENHELFER

1 Küchenreibe, 1 Küchenmesser, 1 Zitronen-presse, 1 12er-Muffinbackform, 2 Rührschüsseln, 1 Schneebesen, 1 Teigschaber, 1 Gitterrost

Den Ofen auf 180 °C vorheizen.

In einer Schüssel Mehl, beide Zuckersorten, Backpulver, Salz und Orangenschale ver-mischen. Zerlassene Butter, Ei, Milch und Orangensaft in einer zweiten Schüssel ver-quirlen. Zu der ersten Mischung zufügen und zu einem Teig verrühren. Cranberrys und Walnüsse unterheben, alles gut vermengen und den Teig in die eingefettete Form geben.

Die Muffins in ca. 25 Minuten goldbraun ba-cken. Die Backform auf dem Gitterrost 5 Minu-ten abkühlen lassen, dann die Muffins aus der Form lösen und servieren.

ERGIBT 10 MUFFINS

SCONES MIT ROSINEN UND ZITRONENSCHALE

Diese Scones sind einfacher zu backen, als man denkt. Sie können sie also leicht nachmachen und haben trotzdem noch genug Zeit, den Morgen zu genießen. Für ein perfektes Ergebnis kneten Sie den Teig leicht durch und backen Sie die Scones, sobald sie in Form gebracht sind. Servieren Sie sie frisch aus dem Ofen.

ZUTATEN

FÜR DEN TEIG

315 g Mehl, plus Mehl für die Arbeitsfläche

60 g Zucker

1 EL Backpulver

½ TL Salz

2 TL Bio-Zitronenabrieb

90 g kalte Butter, in kleine Stücke geschnitten

180 g Crème double

90 g Rosinen oder getrocknete Johannisbeeren

FÜR DIE GARNIERUNG

1 EL normaler, Demerara oder Turbinado Zucker

1 TL Zimt

2 TL Vollmilch oder Crème double

KÜCHENHELFER

1 Reibe, 1 Küchenmesser, 1 tiefes Backblech, verschiedene Rührschüsseln, 1 Handrührgerät, optional: Ausstechförmchen (∅ 7,5 cm), 1 Backpinsel, 1 Gitterrost

Den Ofen auf 220 °C vorheizen und das Backblech mit Backpapier auslegen.

Für den Teig Mehl, Zucker, Backpulver, Salz und Zitronenabrieb in einer Schüssel vermengen. Die klein geschnittene Butter zugeben und mit einem Handrührgerät verkneten. Sobald die Butter krümelig ist, Crème double zufügen und einen glatten Teig herstellen. Die Rosinen unterheben.

Den Teig auf einer bemehlten Arbeitsfläche weiterkneten, bis er sich zu einer Kugel formen lässt. Ca. 1 cm dick mit einem Durchmesser von 16,5 cm kreisförmig ausrollen. Per Hand 6 runde Kreise ausschneiden oder mit den Förmchen ausstechen. Im Abstand von 2,5 cm auf das Backblech legen.

Für die Garnierung Zucker und Zimt in einer kleinen Schüssel vermengen. Die Scones mit Milch oder Crème Double bestreichen und mit der Zuckerzimtmischung bestreuen.

Die Scones 13–17 Minuten im Ofen backen, bis sie goldbraun sind. Auf einem Rost etwas abkühlen lassen. Lauwarm oder kalt servieren. In einem luftdicht verschlossenen Behälter sind die Scones bei Zimmertemperatur bis zu 2 Tage haltbar.

ERGIBT 6 SCONES

BLAUBEERPFANNKUCHEN

Möchten Sie Ihren Partner verwöhnen, halbieren Sie die Mengenangaben und servieren Sie das Frühstück am Bett. Als besonderes Schmankerl erhitzen Sie ein Kännchen Ahornsirup bei geringer Temperatur im Wasserbad oder kurz in der Mikrowelle.

ZUTATEN

235 g Mehl

2 EL Zucker

1½ TL Backpulver

1 TL Backnatron

¾ TL Salz

2 Eigelb

500 ml Buttermilch

60 g zerlassene Butter, plus etwas Butter für die Pfanne

2 Eiweiß

185 g Blaubeeren

Erwärmter Ahornsirup

KÜCHENHELFER

Verschiedene Rührschüsseln, 1 Schneebesen, 1 Handrührgerät, 1 Teigschaber, 1 große Pfanne mit Antihaftbeschichtung, 1 Backpinsel, 1 Schöpfkelle, 1 Pfannenwender, 1 Backblech

Den Ofen auf 95 °C vorheizen.

Mehl, Zucker, Backpulver, Backnatron und Salz in einer großen Schüssel vermengen. In einer anderen Schüssel Eigelbe, Buttermilch und Butter mit dem Schneebesen verquirlen. Zur Mehlmischung zufügen und verrühren, bis eine glatte Teigmasse entsteht.

In einer separaten Rührschüssel die Eiweiße mit dem Handrührgerät auf höchster Stufe steif schlagen. Mit dem Teigschaber unter den Pfannkuchenteig heben und vorsichtig vermengen, bis alles vollständig vermischt ist.

Die Pfanne bei mittlerer Temperatur erwärmen und etwas Butter darin zerlassen. Für jeden Pfannkuchen ca. 80 ml Teig in die Pfanne geben und mit der Rückseite der Schöpfkelle zu einem ca. 10 cm großen Kreis verstreichen. 2 Esslöffel Blaubeeren gleichmäßig obenauf verteilen. Ca. 2 Minuten braten, bis der Teig Bläschen bildet und die Ränder des Pfannkuchens leicht gebräunt sind. Den Pfannkuchen wenden und weitere 1½–2 Minuten braten, bis auch die zweite Seite gebräunt ist. Auf das Backblech geben und im Ofen warm stellen. Die Pfannkuchen nicht abdecken, da sie sonst feucht werden. Den übrigen Teig auf die gleiche Weise verarbeiten und dabei die Pfanne nach Bedarf erneut einbuttern.

Die fertigen Pfannkuchen noch warm mit Ahornsirup servieren.

ERGIBT CA. 12 PFANNKUCHEN FÜR 4 PERSONEN

ZITRONEN-RICOTTA-PFANNKUCHEN

Ricotta und Eischnee geben diesen Pfann-kuchen eine leichte, fluffige Konsistenz. Ach-ten Sie beim Erhitzen der Butter in der Pfanne darauf, dass sie zwar schäumt, aber nicht braun wird, bevor Sie den Teig zugeben. Sonst leidet das Aroma der Pfannkuchen.

ZUTATEN

235 g Mehl

1 TL Backnatron

½ TL Salz

375 ml Buttermilch

2 große Eigelb

60 g Zucker

185 g Ricotta, Vollmilch oder Magerstufe

1 EL Bio-Zitronenabrieb

2 Eiweiß

Butter für die Pfanne

12 Erdbeeren, geputzt und klein geschnitten, mit 1 EL Zucker ver-mengt

KÜCHENHELFER

1 Reibe, 1 Gemüsemesser, verschiedene Rührschüsseln, 1 Schneebesen, 1 Handrührgerät, 1 Teigschaber, 1 große Pfanne, 1 Backpinsel, 1 Schöpfkelle, 1 Pfannenwender, 1 Backblech

Den Ofen auf 95 °C vorheizen.

Mit einem Schneebesen Mehl, Backnatron und Salz in einer großen Schüssel vermengen. In einer anderen Schüssel Buttermilch, Eigelbe, Zucker, Milch oder Ricotta und Zitronenabrieb verquirlen. Zur Mehlmischung zufügen und verrühren, bis eine glatte Teigmasse entsteht. Eventuell können einige Klümpchen zurück-bleiben.

In einer separaten Schüssel die Eiweiße mit dem Handrührgerät auf höchster Stufe steif schlagen. Mit dem Teigschaber unter den Pfannkuchenteig heben und vorsichtig ver-mengen, bis alles vollständig vermischt ist.

Die Pfanne bei mittlerer Temperatur erwärmen und etwas Butter darin zerlassen. Für jeden Pfannkuchen 60 ml Teig in die Pfanne geben. Die Temperatur leicht reduzieren und den Pfannkuchen ca. 4 Minuten braten, bis der Teig Bläschen bildet, die Ränder trocken sind und die Unterseite goldbraun ist. Vorsichtig wenden und die zweite Seite ca. 1½ Minuten braten, bis auch sie leicht gebräunt ist. Auf das Backblech geben und im Ofen warm stellen. Die Pfann-kuchen nicht bedecken, da sie sonst feucht werden. Den übrigen Teig auf die gleiche Weise verarbeiten und dabei die Pfanne nach Bedarf erneut einbuttern.

Die fertigen Pfannkuchen noch warm zusam-men mit den Erdbeeren servieren.

ERGIBT CA. 12 PFANNKUCHEN FÜR 4 PERSONEN

FRISCHE WAFFELN MIT
ERDBEER-RHABARBER-KOMPOTT

Der schnell gemachte Teig für diese extra knusprigen Hefewaffeln schmeckt am besten, wenn er am Vorabend zubereitet wird. Das Kompott kann bereits zwei Tage im Voraus gekocht und im Kühlschrank aufbewahrt werden.

ZUTATEN

FÜR DAS ERDBEER-RHABARBER-KOMPOTT

750 g Rhabarberstängel, grob zerkleinert

60 g Zucker

60 ml Wasser

185 g Erdbeeren, geputzt und halbiert

FÜR DIE WAFFELN

2½ TL Trockenhefe

1 TL Zucker

60 ml warmes Wasser (40–46 °C)

250 ml Vollmilch

2 EL Butter

155 g Mehl

2 EL brauner Zucker

¼ TL Salz

Rapsöl zum Einfetten des Waffeleisens

1 großes Ei, leicht geschlagen

¼ TL Backnatron

KÜCHENHELFER

1 Kochmesser, 1 Gemüsemesser,
2 Töpfe, verschiedene Rührschüsseln,
1 Schneebesen, 1 Waffeleisen, 1 Backpinsel,
1 Schöpfkelle, 1 Backblech

Für das Kompott Rhabarber, Zucker und Wasser in einem Topf bei mittlerer Temperatur ca. 10 Minuten erhitzen bis alles zu köcheln beginnt. Die Erdbeeren zugeben. 10 Minuten weiterköcheln lassen, bis der Rhabarber weich ist. Gegebenenfalls den Schaum von der Oberfläche abschöpfen. Das Kompott auskühlen lassen, abdecken und bis zum Servieren kalt stellen.

Für die Waffeln die Hefe zusammen mit dem Zucker im lauwarmen Wasser auflösen und ca. 5 Minuten stehen lassen, bis sich Bläschen bilden. Währenddessen Milch und Butter in einem Topf bei niedriger Temperatur erwärmen.

In einer kleinen Schüssel Mehl, braunen Zucker und Salz vermengen. Die erwärmte Milch zur Hefe geben, dann die Mehlmischung zufügen und alles gut miteinander verrühren. Die Schüssel abdecken und über Nacht in den Kühlschrank stellen, sodass der Teig etwas fester wird.

Vor dem Backen der Waffeln den Ofen auf 95 °C vorheizen. Das Waffeleisen ebenfalls 5 Minuten vorheizen und dann beide Backflächen mit Rapsöl einstreichen. Ei und Backnatron zum gekühlten Teig geben und verrühren. Mit der Schöpfkelle ausreichend Teig für eine Waffel auf die Backfläche des Eisens geben und gleichmäßig verteilen. Das Waffeleisen schließen und backen, bis die Waffel braun und knusprig ist. Die genaue Dauer ist vom Waffeleisen abhängig. Die Waffel auf ein Backblech geben und im Ofen warm halten. Den übrigen Teig auf die gleiche Weise verarbeiten. In der Zwischenzeit das Kompott bei niedriger Temperatur erwärmen.

Die warmen Waffeln zusammen mit dem Kompott servieren.

FÜR 4 PERSONEN

In der Küche mit

JULIE & MATT WALKER

Unser Lieblingsessen für die Seele

Tunis-Letta. So nennen wir das Sandwich, das
wir oft im ersten Jahr unserer Ehe gegessen
haben. Wir mischen Albacore-Thunfisch mit
Olivenöl, Mayonnaise, Relish und Peperoni,
wickeln das Ganze in Salat ein und belegen
damit die Brote. Einfach, aber lecker.

Der Kochstil

Gerichte müssen nicht schwierig sein, um gut
zu schmecken – das Einzige, was man braucht,
sind gute Zutaten. Diesem Credo versuchen wir
zu folgen.

Unsere Stärke als Paar in der Küche

Wir sind immer für eine Herausforderung
zu haben und lassen uns von keinem Rezept
einschüchtern. Es gibt Abende, an denen
wir unsere Küche verwüsten und jede Rührschüssel benutzen, die wir besitzen.

Das gemeinsame Küchenglück bewahren

Wir kochen als Team. Wir teilen das Menü auf
und arbeiten zusammen daran. Während wir
aufräumen, reden wir auch gerne über das gute
Essen, das wir uns zuvor haben schmecken
lassen. Eine unserer Lieblingsfragen ist dann:
»Was würdest du denken, wenn dir dieses
Gericht in einem Restaurant serviert würde?«

Ein entspanntes Frühstück

Wir mögen sehr gern Omeletts, gefüllt mit frischen Zutaten. Wenn wir Kartoffeln vorrätig
haben, machen wir auch gerne Kartoffelpuffer.

Liebstes selbst gekochtes Essen für zwei

Besonders lieben wir selbst gemachte Pizza
mit gesunden Belägen wie alten Tomatensorten
und Basilikum, zusammen mit in dünne Scheiben geschnittenem Mozzarella und Schinken.

GEBACKENER FRENCH TOAST

Dieser leckere Toast ist schnell gemacht und kann einfach dem Backofen überlassen werden, während Sie etwas anderes zubereiten. Für einen dezenten Orangengeschmack geben Sie einen Schuss Grand Manier zur Butter.

ZUTATEN

125 ml Vollmilch

125 ml Sahne

4 große Eier

2 EL brauner Zucker

½ TL Zimt

¼ TL Muskatnuss, frisch gerieben

¼ TL Salz

12 Baguettescheiben oder anderes Brot

2 EL zerlassene Butter

Erwärmter Ahornsirup

KÜCHENHELFER

1 Muskatnussreibe, 1 Brotmesser,
1 tiefes Backblech, 1 Rührschüssel,
1 Schneebesen, 1 Backpinsel

Den Ofen auf 200 °C vorheizen und das Backblech mit Backpapier auslegen.

Milch, Sahne, Eier, Zucker, Zimt, Muskat und Salz in einer flachen Schüssel miteinander vermengen. Die Brotscheiben nacheinander in die Eimischung geben und beide Seiten je ½ Minute einweichen lassen. Abtropfen lassen und auf das Backblech legen.

Die getränkten Brotscheiben 5–7 Minuten im Ofen backen, bis die Oberseiten goldbraun sind. Das Brot wenden und weitere 5–7 Minuten backen, bis auch die Unterseiten Farbe genommen haben.

Die Grillfunktion des Ofens zuschalten. Die Oberseite der Brote mit der zerlassenen Butter bestreichen und 1 Minute unter den Grill stellen, bis sie knusprig sind. Warm mit Ahornsirup servieren.

FÜR 6 PERSONEN

WALNUSS-ZIMT-KUCHEN

Die Kombination aus Walnüssen und Zimt kommt bei diesem Kuchen gleich doppelt zum Zuge: als Füllung für den Teig und als knusprige Garnierung. Sie können den Kuchen bis zu 3 Tage im Voraus backen und abgedeckt bei Zimmertemperatur lagern. Die perfekte Ergänzung eines opulenten Brunchs.

ZUTATEN

FÜR DIE FÜLLUNG UND GARNIERUNG

125 g Walnusskerne, fein gehackt

90 g Zucker

2 TL Zimt

FÜR DEN TEIG

345 g Mehl (Type 550)

1 TL Backpulver

½ TL Backnatron

½ TL Salz

3 große Eier

500 g Zucker

250 ml Raps- oder Maiskeimöl, plus etwas Öl zum Einfetten

2 TL Vanilleextrakt

250 g saure Sahne

Puderzucker zum Bestäuben

KÜCHENHELFER

1 Küchenmesser, 1 Gugelhupfform (Ø 25 cm), verschiedene Rührschüsseln, 1 Sieb, 1 Handrührgerät, 1 Teigschaber, Zahnstocher, 1 Gitterrost

Den Ofen auf 180 °C vorheizen. Die Kuchenform einölen und den Boden mit einem ebenfalls eingeölten Backpapier auslegen.

Für die Füllung und Garnierung Walnüsse, Zucker und Zimt in einer Schüssel vermengen und beiseitestellen.

Mehl, Backpulver, Backnatron und Salz in eine große Schüssel sieben.

In einer weiteren großen Schüssel mit dem Handrührgerät auf mittlerer Stufe Eier und Zucker 2 Minuten verquirlen, bis die Masse hell und locker ist. Vorsichtig Öl und Vanilleextrakt zugeben und auf niedriger Stufe weiterrühren, bis sich alles gut vermischt hat. Die Mehlmischung zufügen und unterrühren. Zuletzt die saure Sahne zugeben und alles gut miteinander vermengen.

Ca. ⅔ des Teigs in die Kuchenform geben und die Oberfläche mit dem Teigschaber glätten. Ca. 60 g der Walnussmischung beiseitestellen, den Rest gleichmäßig auf dem Teig verteilen. Mit einem Messer die Nüsse in den Teig drücken. Den übrigen Teig darübergeben und die Oberfläche erneut mit dem Teigschaber glatt streichen. Alles mit der restlichen Nussmischung bestreuen.

Den Kuchen im Ofen ca. 55 Minuten backen. Mit einem Zahnstocher hineinstechen. Bleibt kein Teig am Holz kleben, ist der Kuchen fertig. Auf einem Gitterrost 15 Minuten abkühlen lassen. Mit einem Messer die äußeren und inneren Ränder lösen. Dann den Kuchen vorsichtig aus der Form stürzen und das Backpapier entfernen. Den Kuchen auf dem Rost komplett auskühlen lassen. Vor dem Servieren mit gesiebtem Puderzucker bestäuben.

FÜR 12 PERSONEN

TOMATEN-FETA-TARTE

Man muss kein Experte sein, um diese Tarte backen zu können. Gekaufter Blätterteig wird einfach mit Tomaten, Käse und Kräutern belegt und dann in den Ofen geschoben, bis der Teig goldbraun und knusprig ist. Sie können die Tarte das ganze Jahr über zubereiten – tauschen Sie einfach die Tomaten gegen andere saisonale Gemüse aus.

ZUTATEN

280 g TK-Blätterteig, nach Packungsanweisung aufgetaut

Etwas Mehl für die Arbeitsfläche

185 g reife Kirschtomaten, halbiert

8 reife Tomaten, dünn geschnitten

185 g Feta, zerbröselt

1 EL frischer Oregano, gehackt

Salz

Pfeffer, frisch gemahlen

6 frische Thymianzweige

KÜCHENHELFER

1 tiefes Backblech, 1 Küchenmesser, 1 Nudelholz

GETRÄNKEEMPFEHLUNG

Zu dieser bodenständigen Tarte können Sie beim Brunch Sekt reichen. Oder einen rassigen Sauvignon Blanc aus Neuseeland, Chile oder Frankreich. Möchten Sie etwas Ungewöhnliches ausprobieren, versuchen Sie einen griechischen Weißwein – ein heller, kräftiger Assyrtiko von der Insel Santorin passt hervorragend zu dem würzigen Käse und den Tomaten.

Den Ofen auf 200 °C vorheizen und das Backblech mit Backpapier auslegen.

Den Blätterteig auf eine leicht bemehlten Arbeitsfläche auslegen. Zu einem der Größe des Backblechs entsprechenden Rechteck von ca. 3 mm Dicke ausrollen und auf das Blech geben. Den Teig mit einer Gabel gleichmäßig einstechen und an den Rändern leicht umschlagen, sodass ein etwas erhöhter Rand entsteht.

Die Kirschtomaten, Tomaten und den Feta gleichmäßig auf dem Teig verteilen. Alles mit Oregano bestreuen, mit Salz und Pfeffer würzen und die Thymianzweige obenauf legen.

Ca. 20 Minuten backen, bis der Blätterteig goldbraun und knusprig ist. Aus dem Ofen nehmen, in Stücke schneiden und servieren.

FÜR 4–6 PERSONEN

KLASSISCHES OMELETT MIT MASCARPONE UND KRÄUTERN

Dieses echt französische gerollte Omelett – außen zart und innen cremig – eignet sich gut als Herzstück eines Abendessens in der Wochenmitte, begleitet von einem grünen Salat und einem guten Weißwein. Da Sie nur ein Omelett auf einmal zubereiten können, servieren Sie jedes einzeln oder decken Sie das erste locker mit Frischhaltefolie ab, bis das zweite fertig ist.

ZUTATEN

3 große Eier

1 EL Wasser

1 Prise Salz

2 EL Mascarpone

2 TL frischer Schnitt-
lauch, fein gehackt

2 TL frischer Kerbel,
fein gehackt

1 TL glatte Petersilie,
fein gehackt

1 EL Butter

KÜCHENHELFER

1 Küchenmesser, 1 kleine Rührschüssel,
1 antihaftbeschichtete Pfanne (Ø 18–20 cm)
oder Omelettpfanne, 1 Pfannenwender

Die Eier in einer kleinen Schüssel mit einer Gabel gut verquirlen, bis sich Eigelb und Eiweiß vollständig vermischt haben. Wasser, Salz, Mascarpone, Schnittlauch, Kerbel und Petersilie zufügen und alles kurz verrühren.

Die Butter bei mittlerer Temperatur in der Pfanne zerlassen. Bevor die Butter braun wird, die Eimischung zugeben. Wenn die Eier nach ca. 30 Sekunden zu stocken beginnen, mit einem kleinen Pfannenwender das Ei von den Rändern zur Mitte ziehen, damit das noch flüssige Ei nach außen fließt. 2–3 Mal wiederholen, bis die Unterseite des Omeletts durchgebraten, die Oberfläche jedoch noch feucht und cremig ist.

Die Pfanne leicht kippen, sodass das Omelett an den Rand rutscht. Mit dem Pfannenwender die Ränder einschlagen, dann das Omelett aufrollen. Die Rolle 1–2 Mal wenden, um sie zu festigen. Dann das Omelett auf einen Teller geben und servieren.

FÜR 1 PERSON

RÜHREI MIT PILZEN, CHEDDAR UND PANCETTA

Die tolle Kombination von Pilzen, Käse und Pancetta macht aus gewöhnlichen Rühreiern etwas ganz Besonderes. Wir benutzen oft unterschiedliche Kräuter, z.B. Thymian oder Basilikum anstelle der Petersilie. Und wir variieren beim Käse und nehmen Gruyère oder Mozzarella statt des Cheddars.

ZUTATEN

60 g Butter

250 g Pilze, z.B. Pfifferlinge, grob gehackt

1 TL Salz

10 große Eier

½ TL Pfeffer, frisch gemahlen

1 Knoblauchzehe, fein gehackt

60 g Pancetta, in Würfel (1 cm) geschnitten

125 g Cheddar, in Würfel (1 cm) geschnitten

2 EL glatte Petersilie, klein geschnitten

KÜCHENHELFER

1 Küchenmesser, 1 Pfanne, 1 Schaumlöffel, verschiedene Rührschüsseln, 1 Schneebesen

GETRÄNKEEMPFEHLUNG

Beim Brunch passen Eier und Pilze gut zu erdigen Weiß- und Rotweinen. Probieren Sie einen Chenin Blanc aus dem Loiretal oder einen Chardonnay aus dem Burgund oder von der Westküste der USA. Achten Sie aber darauf, dass das Eichenaroma des Weins nicht zu ausgeprägt ist. Möchten Sie lieber einen Rotwein, versuchen Sie einen Côtes du Rhône oder Pinot Noir.

1½ Esslöffel Butter bei mittlerer Temperatur in einer Pfanne zerlassen. Wenn die Butter schäumt, Pilze zufügen und 4–5 Minuten braten, bis sie weich sind. Mit ¼ Teelöffel Salz würzen. Die Pilze in einer Schüssel beiseitestellen. Die Pfanne abspülen.

Die Eier in einer anderen Schüssel mit dem restlichen Salz und dem Pfeffer verquirlen.

Die Pfanne bei mittlerer Temperatur erwärmen und die übrige Butter zugeben. Sobald sie schäumt, Knoblauch und Pancetta 2–3 Minuten anschwitzen. Die Eier zufügen und die Temperatur reduzieren. Häufig umrühren und so lange braten, bis die Eier die gewünschte Konsistenz haben – für weiches Rührei 5 Minuten, für festeres ca. 7–8 Minuten. Während der letzten 2 Minuten Pilze, Käse und Petersilie zugeben und alles vorsichtig vermengen. Das Rührei auf Teller portionieren und servieren.

FÜR 6 PERSONEN

EIER BENEDIKT

Servieren Sie Eier Benedikt beim Muttertagsbrunch oder zur Osterfeier. Oder Sie verwöhnen damit Ihre Gäste – oder sich selbst – bei einem Sonntagsbrunch. Fügen Sie Spinat hinzu, erhalten Sie Florentiner Eier. Im Frühling passt dazu auch gedünsteter Spargel.

ZUTATEN

FÜR DIE SAUCE HOLLANDAISE

4 große Eigelb, zimmerwarm

1 EL Wasser

1 EL Zitronensaft, frisch gepresst

Salz

¼ TL Cayennepfeffer

250 g Butter

AUSSERDEM

2 TL Olivenöl, extra vergine (optional)

750 g junger Spinat (optional)

Salz

8 große Eier

4 Toastbrötchen, aufgeschnitten und getoastet

8 Scheiben roher Schinken oder Prosciutto, zimmerwarm

Pfeffer, frisch gemahlen

KÜCHENHELFER

1 Küchenmesser, 1 Zitronenpresse, 1 Toaster, 1 Standmixer, 1 kleiner Topf, 1 Schneebesen, 1 oder 2 große Pfannen, 4 kleine Auflaufförmchen, 1 Schaumlöffel, 1 Gemüsemesser

Für die Sauce Hollandaise Eigelbe, 1 Esslöffel Wasser, Zitronensaft, ¼ Teelöffel Salz und Cayennepfeffer in einem Standmixer verquirlen. In einem kleinen Topf bei mittlerer Temperatur die Butter schmelzen. Während der Mixer rührt, langsam die geschmolzene Butter zufügen und weiterrühren, bis die Sauce dick und geschmeidig ist. Anschließend abschmecken. Ist die Sauce zu dickflüssig, ein wenig Wasser zufügen. In eine Schüssel geben, abdecken und beiseitestellen.

Wird Spinat verwendet, in einer großen Pfanne bei mittlerer Temperatur das Öl erwärmen. Den Spinat zugeben und 4 Minuten anschwitzen, bis er zusammenfällt und zart ist. Mit Salz würzen. Vom Herd nehmen und warm halten.

In der Zwischenzeit die Eier pochieren: Eine große, tiefe Pfanne ca. 7,5 cm hoch mit Wasser füllen, eine Prise Salz zugeben und bei mittlerer Temperatur zum Köcheln bringen. Zunächst 4 Eier jeweils in ein Auflaufförmchen schlagen, um die Form des Eis zu erhalten. Dann jedes Ei vorsichtig aus dem Förmchen in das Wasser gleiten lassen. Die Temperatur so weit reduzieren, dass das Wasser gerade noch köchelt. Die Eier 3–5 Minuten pochieren. Dann mit dem Schaumlöffel vorsichtig aus dem Wasser heben und auf einen mit Küchenpapier ausgelegten Teller geben. Diesen Vorgang für die restlichen 4 Eier wiederholen. Mit einem Gemüsemesser ausgefranste Ränder des Eiweißes begradigen.

Auf jeden Teller zwei Toastbrötchenhälften mit der aufgeschnittenen Seite nach oben platzieren. Auf jede Hälfte eine Scheibe Schinken legen. Haben Sie Spinat vorbereitet, drapieren Sie diesen auf dem Schinken und geben Sie zum Schluss ein pochiertes Ei darauf. Mit Sauce Hollandaise beträufeln, Pfeffer darübermahlen und servieren.

FÜR 4 PERSONEN

FRITTATA MIT PILZEN, ZIEGENKÄSE UND KRÄUTERN

Dieses herzhafte Gericht ist eine willkommene Ergänzung zur morgendlichen Frühstücksrunde. Wir mögen es sehr, da man es schon vorher zubereiten und lauwarm servieren kann, sodass wir uns entspannt um unsere Gäste kümmern können. Kaufen Sie die Eier am besten frisch auf dem Markt.

ZUTATEN

60 ml Olivenöl, extra vergine

2 Schalotten, fein gehackt

90 g gemischte Pilze, gehackt

1 TL frischer Thymian, klein geschnitten
Alternativ: ½ TL Thymian, getrocknet

1 TL frischer Oregano, klein geschnitten

Alternativ: ½ TL Oregano, getrocknet

¼ TL Chiliflocken

Salz

Pfeffer, frisch gemahlen

10 große Eier

3 EL Crème double

125 g frischer Ziegenkäse, zerbröselt

45 g frischer Parmesan, gerieben

KÜCHENHELFER

1 Küchenmesser, 1 Reibe,
1 große ofenfeste Pfanne,
Rührschüsseln, 1 Pfannenwender

Den Ofen mit zugeschalteter Grillfunktion auf Höchsttemperatur vorheizen.

1 Esslöffel Olivenöl bei mittlerer Temperatur in der Pfanne erwärmen. Schalotten, Pilze, Thymian, Oregano und Chiliflocken zugeben. Mit Salz und Pfeffer würzen und 5–7 Minuten anschwitzen, bis die Schalotten und Pilze weich sind. Von der Herdplatte nehmen.

In einer Schüssel die Eier mit der Crème double, ¼ Teelöffel Salz und Pfeffer mit einer Gabel verquirlen, bis alles gut vermischt ist. Die Schalotten-Pilz-Mischung und den Ziegenkäse zugeben, vermengen und beiseitestellen.

Die Pfanne abspülen und bei mittlerer Temperatur das übrige Olivenöl erhitzen. Die Eimischung in die Pfanne geben und gleichmäßig verteilen. Sobald die Frittata an den Rändern stockt, mit einem Pfannenwender anheben und die Pfanne leicht kippen, sodass das noch flüssige Ei aus der Mitte unter das bereits feste fließen kann. 10–15 Minuten braten, bis die Ränder fest gestockt sind, aber die Mitte noch sämig ist.

Parmesan über die Frittata streuen und die Pfanne 2 Minuten unter den Grill stellen, bis die Oberfläche goldbraun ist. Vorsichtig die Pfanne aus dem Ofen nehmen. Die Frittata an den Rändern lockern und auf eine Servierplatte geben. 15 Minuten abkühlen lassen. In Stücke schneiden und noch warm oder bei Zimmertemperatur servieren.

FÜR 4–6 PERSONEN

HUEVOS RANCHEROS

Wenn Sie unter Zeitdruck stehen, können Sie für dieses Gericht fertige Salsa kaufen. Allerdings ist sie schnell und einfach selbst gemacht. Ein kleiner Extraaufwand, der sich lohnt. Wenn nicht alle Eier gleichzeitig in die Pfanne passen, halten Sie die bereits fertigen warm, bis alle Eier gebraten sind.

ZUTATEN

FÜR DIE SALSA

2 EL gelbe Zwiebeln, fein gehackt

2 kleine bis mittelgroße Tomaten, entkernt und gehackt

2 EL frischer Koriander, gehackt

Salz

2 TL Zitronensaft, frisch gepresst, nach Belieben

1 EL Jalapeño-Chilischoten, klein geschnitten

1 EL Rotweinessig

AUSSERDEM

440 g Bohnenpaste, normal oder scharf gewürzt

60 ml Wasser

8 Maistortillas, ⌀ 15 cm

Olivenöl, extra vergine, zum Braten

8 große Eier

1 Avocado, geschält, entkernt und in Scheiben geschnitten

KÜCHENHELFER

1 Küchenmesser, 1 Zitronenpresse,
1 Rührschüssel, 1 kleiner Topf,
1 große Pfanne, 1 Pfannenwender

Für die Salsa Zwiebeln, Tomaten, Koriander, ½ Teelöffel Salz, Zitronensaft, Chili und Essig in einer Schüssel vermengen. Sollte die Mischung zu trocken sein, 1 Esslöffel Wasser zugeben. Nach Belieben mit Salz und Zitronensaft abschmecken. 10 Minuten ziehen lassen, damit sich die Aromen entfalten können.

Bei mittlerer Temperatur die Bohnenpaste mit dem Wasser in einem Topf vermischen und 7 Minuten unter ständigem Rühren köcheln lassen. Beiseitestellen und warm halten.

Eine große Pfanne stark erhitzen und jeweils nur 1 Tortilla von beiden Seiten je 1–2 Minuten erwärmen. Zum Warmhalten in ein sauberes Geschirrtuch wickeln.

Wenn alle Tortillas erwärmt sind, die Pfanne mit einer dünnen Schicht Olivenöl bedecken und auf mittlere Temperatur erhitzen. Wenn nötig, in mehreren Durchgängen die Eier in die Pfanne schlagen. 2,5 cm Abstand zwischen den einzelnen Eiern lassen. Bei niedriger Temperatur zugedeckt 5–7 Minuten braten, bis das Eiweiß stockt und das Eigelb beinahe fest ist.

Kurz bevor die Eier fertig sind, zwei Tortillas auf jeden Teller verteilen und diese gleichmäßig mit der Bohnenpaste bestreichen. Mithilfe eines Pfannenwenders je 1 Ei obenauf setzen. Etwas Salsa darüberträufeln und mit Avocadoscheiben garniert servieren. Die übrige Salsa auf den Tisch stellen

FÜR 4 PERSONEN

GEBACKENE EIER MIT SCHINKEN,
BRIE UND SCHNITTLAUCH

Für die vegetarische Variante dieses Gerichts ersetzen Sie den Schinken durch 90 g in Scheiben geschnittene, kurz angebratene Pilze. Anstelle des Bries können Sie auch anderen Weichkäse wie Camembert, Taleggio oder cremigen Ziegenfrischkäse verwenden. Wenn Sie es morgens bequem mögen, bereiten Sie die Eier am Vorabend zu.

ZUTATEN

60 g Butter

8 große Eier

2 Scheiben Schinken, in feine Streifen geschnitten

125 g Brie, die hintere Rinde entfernt und in kleine Würfel geschnitten

2 EL frischer Schnittlauch, gehackt

Salz

Pfeffer, frisch gemahlen

8 Scheiben Brioche oder Sauerteigbrot, getoastet

KÜCHENHELFER

1 Küchenmesser, 1 Toaster, 1 Teekessel oder Wasserkocher, 4 Auflaufförmchen à 180 ml, 1 kleine Backform oder 1 tiefes Backblech

GETRÄNKEEMPFEHLUNG

Eier und Schinken mit frischem jungem Rotwein zu kombinieren ist eine Spezialität des Burgunds, eine unserer liebsten Weinregionen. In diesem Sinne probieren Sie einen kräftigen Pinot Noir aus dem Burgund, Oregon oder Kalifornien. Ein kühl servierter französischer Beaujolais eignet sich ebenfalls hervorragend.

Den Ofen auf 190 °C vorheizen. Mit einem Wasserkocher oder Teekessel Wasser kochen. Die vier Auflaufförmchen in die Backform oder das Backblech stellen.

In jedes Förmchen 1 Esslöffel Butter geben, dann vorsichtig 2 Eier in jede Form geben. Die Schinkenstreifen und Briewürfel gleichmäßig darüber verteilen. Alles mit Schnittlauch bestreuen und mit Salz und Pfeffer würzen.

Die Backform oder das Backblech vorsichtig mit dem heißen Wasser füllen, sodass es an der Außenseite der Auflaufförmchen bis auf die halbe Höhe reicht. Darauf achten, dass kein Wasser in die Förmchen läuft. Die Backform mit Alufolie abdecken und 10–12 Minuten im Ofen backen, bis das Eiweiß fest und das Eigelb noch weich ist.

Die Backform aus dem Ofen holen und vorsichtig die Auflaufförmchen aus dem Wasserbad nehmen. Auf jeden Teller ein Förmchen und zwei Scheiben Brot geben und servieren.

FÜR 4 PERSONEN

In der Küche mit
SAUKOK & JAMIE TIAMPO

Liebste Alltagszutat

Zitronen – ein kleiner Spritzer Zitronensaft
peppt nahezu jedes Gericht auf, und Zitronenschale gibt dem Ganzen ein frisches Aroma.

Ein entspanntes Frühstück

Rührei mit Zwiebeln und Ziegenkäse.

Kulinarische Geheimwaffe

Jamies eingemachte Meyerzitronen (süße
Zitronen). Sie sind schnell gemacht, verleihen
jedem Gericht vielseitigen Geschmack und sind
einfach umami.

Schönster kulinarischer Liebesbeweis

Während unserer Fernbeziehung fand Jamie
heraus, wie sehr ich Spaghetti mit Fleischsauce
mag. Nach einem Wochenendbesuch bei ihm
in San Francisco flog ich zurück nach New York
und war überrascht, vor meiner Tür ein Paket
zu finden, in dem sich eisgekühlte selbst gemachte Bolognese befand.

Immer im Kühlschrank vorrätig

Butter, Zitronen, Sojasauce, Srirachasauce,
schwarze Bohnensauce, Kim Chee, Dijon Senf,
Sesampaste, Thai Chili, Parmigiano-Reggiano
und guter Weißwein.

Liebstes selbst gekochtes Essen für zwei

Übers Wochenende machen wir einen Topf
Fleischsauce, die wir dann für die Gerichte der
nächsten Woche verwenden. Von einem Teller
voller Pasta und Salat bekommen wir nie genug.

Küchengeheimnis

Sofort aufräumen und gut vorbereiten. Die
Zutaten in Schüsseln aufbewahren, sodass
alles in Reichweite ist wenn es gebraucht wird.

GEBRATENE EIER MIT SPARGEL, PANCETTA UND CROÛTONS

Gebratene Eier mit noch flüssigem Eigelb, gebettet auf geschmortem oder sautiertem Gemüse, sind das perfekte Gericht. Denn das weiche Eigelb ergibt eine einfache, aber köstliche Sauce. Spargel ist eine gute Wahl im Frühling, doch auch Brokkoli oder Grünkohl passen gut dazu.

ZUTATEN

16 Stangen grüner Spargel, holzige Enden entfernt

Olivenöl, extra vergine, zum Beträufeln

Salz

Pfeffer, frisch gemahlen

3 EL Butter

2 dünne Scheiben Pancetta, gewürfelt

60 g frische Croûtons (Seite 251)

4 große Eier

Frisch geriebener Parmesan zum Garnieren

KÜCHENHELFER

1 Küchenmesser, 1 Reibe, 1 Auflaufform,
1 kleine Pfanne, 1 große Pfanne,
1 Pfannenwender

Den Ofen auf 200 °C vorheizen.

Die Spargelstangen in eine Auflaufform geben, die genug Platz bietet, um die Stangen nebeneinander zu verteilen. Mit Öl beträufeln und mit Salz und Pfeffer würzen. Die Stangen mehrfach wenden, sodass sie gleichmäßig mit Öl bedeckt sind. Im Ofen ca. 15 Minuten schmoren, bis die Stangen zart-knusprig und leicht gebräunt sind. Währenddessen 1–2 Mal wenden. Die Gardauer hängt von der Dicke der Spargelstangen ab. Aus dem Ofen nehmen und abgedeckt beiseitestellen.

In einer kleinen Pfanne 1 Esslöffel Butter bei mittlerer Temperatur zerlassen. Sobald die Butter schäumt, den Pancetta in die Pfanne geben und ca. 1 Minute braten, bis er leicht Farbe genommen hat. Regelmäßig wenden. Croûtons zugeben und ca. 2 Minuten anbraten, bis sie goldbraun sind. Dabei ebenfalls regelmäßig wenden, dann beiseitestellen.

In einer großen Pfanne 2 Esslöffel Butter bei mittlerer Temperatur zerlassen, bis sie schäumt. Die Eier in die Pfanne schlagen, dabei 2,5 cm Abstand zwischen ihnen lassen. Die Temperatur reduzieren und die Eier mit Salz und Pfeffer würzen. Die Pfanne abdecken und die Eier 5–7 Minuten braten, bis das Eiweiß stockt und das Eigelb an den Rändern fest ist. Von der Herdplatte nehmen.

Kurz bevor die Eier fertig sind, den Spargel gleichmäßig auf Teller verteilen. Mit einem Pfannenwender die Eier auf den Spargel geben und beides mit der Pancetta-Brot-Mischung bestreuen. Parmesan drüberreiben und servieren.

FÜR 4 PERSONEN

RÄUCHERLACHS MIT ARTISCHOCKENHASCHEE

Ein leckeres Frühstückshaschee besteht immer aus einer guten Mischung verschiedener Geschmacksrichtungen und Konsistenzen. In diesem Rezept verwenden wir Räucherlachs anstelle des traditionellen Corned Beef, um das Gericht leicht zu halten. Manchmal lassen wir auch die Crème double weg.

ZUTATEN

½ Zitrone

6 Artischocken
à 315–375 g

60 ml Olivenöl,
extra vergine

1 rote Paprika,
geputzt und dünn
geschnitten

1 gelbe Zwiebel,
gehackt

4 festkochende
Kartoffeln (insgesamt
ca. 625 g), in 1 cm dicke
Würfel geschnitten

500 g Räucherlachs,
in 1 cm große Stücke
gezupft

Salz

Pfeffer, frisch gemahlen

125 g Crème double

KÜCHENHELFER

1 Küchenmesser, 1 große Rührschüssel,
1 Zitronenpresse, 1 große Pfanne

Eine große Schüssel zu ¾ mit Wasser füllen und den Saft der Zitronenhälfte hineinpressen. Die Artischocken nacheinander bearbeiten: 2 cm der Spitze abschneiden. Die äußeren, festen und dunkelgrünen Blätter entfernen, bis die zarten, hellgrünen Innenblätter zum Vorschein kommen. Den Stielansatz abschneiden und die harten Blätter am Boden entfernen. Die Artischocke längs halbieren und mit einem kleinen Löffel das sogenannte Heu herauskratzen. Dann die beiden Hälften in das Zitronenwasser geben, um zu verhindern, dass sich das Fruchtfleisch braun verfärbt. Den gesamten Vorgang mit den übrigen Artischocken wiederholen.

Das Öl bei mittlerer Temperatur in einer Pfanne erhitzen. Paprika und Zwiebel zugeben und 3–5 Minuten anschwitzen, bis das Gemüse etwas weicher ist. Dabei regelmäßig umrühren. Die Kartoffelwürfel zufügen und unter mehrmaligem Wenden 5–7 Minuten braten, bis sie fast gar sind.

Die Artischocken aus dem Zitronenwasser nehmen, trocken tupfen und der Länge nach in dünne Scheiben schneiden. Zusammen mit dem Lachs zum Gemüse in die Pfanne geben. Mit Salz und Pfeffer würzen und gut vermengen. Die Crème double einrühren und die Temperatur leicht reduzieren. Unter gelegentlichem Umrühren 8–10 Minuten köcheln lassen, bis die Artischocken und die Kartoffeln weich sind.

Auf tiefen Tellern oder in Schüsseln anrichten und servieren.

FÜR 4 PERSONEN

APFEL-WURST-FRIKADELLEN

Kombiniert man einen geriebenen Apfel mit Schweinewürstchen, ergibt dies leckere Frühstücksfrikadellen.

ZUTATEN

500 g Schweine-würstchen

1 saurer grüner Apfel, geschält, entkernt und gerieben

30 g feines Paniermehl

2 EL Crème double

1 großes Eigelb

½ TL Salz

¼ TL Pfeffer, frisch gemahlen

Rapsöl zum Braten

KÜCHENHELFER

1 Gemüsemesser, 1 Reibe, 1 Rührschüssel, 1 Backblech, 1 große Pfanne, 1 Pfannenwender, hitzebeständige Teller

Den Ofen auf 95 °C vorheizen.

Die Würstchen pellen, klein hacken und mit allen Zutaten außer dem Öl vermengen. Die Mischung in 12 gleich große Portionen teilen und je eine ca. 5 mm dicke Frikadelle formen. Auf das Backblech legen und 15 Minuten kühl stellen. Vor dem Braten wieder auf Zimmertemperatur erwärmen lassen.

Etwas Öl in einer Pfanne erhitzen. Jeweils 4 Frikadellen in die Pfanne geben und zunächst ca. 3 Minuten von der einen Seite, dann nochmals ca. 4 Minuten von der anderen Seite braten, bis sie rundum Farbe genommen haben. Auf einen hitzebeständigen Teller geben und im Ofen warm halten. Die übrigen Frikadellen auf dieselbe Weise braten. Zwischendurch die Pfanne je nach Bedarf erneut einölen. Die Frikadellen warm servieren.

FÜR 6 PERSONEN

BACON MIT BRAUNEM ZUCKER UND KARDAMOM

Fast jeder liebt Bacon. Aber mit braunem Zucker und duftendem Kardamom gewürzt und dann gebacken, schmeckt dieser Frühstücksklassiker noch einmal so gut.

ZUTATEN

500 g magerer Bacon, in dicke Streifen geschnitten

90 g brauner Zucker

¼ TL Kardamom, frisch gemahlen

¼ TL Pfeffer, frisch gemahlen

KÜCHENHELFER

1 tiefes Backblech, 1 kleine Rührschüssel, 1 Küchenzange

Den Ofen auf 180 °C vorheizen. Ein tiefes Backblech mit Backpapier auslegen.

Die Baconstreifen nebeneinander auf das vorbereitete Backblech geben. Zucker, Kardamom und Pfeffer in einer kleinen Schüssel vermengen und die Mischung gleichmäßig über den Bacon streuen.

Das Backblech auf oberster Schiene in den Backofen schieben und, ohne den Bacon zu wenden, 25 Minuten backen. Das Blech herausnehmen, um 180° drehen und auf unterster Schiene wieder in den Ofen schieben. Weitere 10–15 Minuten ohne Wenden backen, bis der Bacon goldbraun, aber noch nicht ganz knusprig ist. Aus dem Ofen nehmen und mit einer Küchenzange die Baconstreifen anheben, sodass das Fett abtropfen kann. Auf einem mit Küchenpapier ausgelegten Teller kurz trocknen lassen und dann servieren.

FÜR 4-6 PERSONEN

MAISKÜCHLEIN MIT KREBSFLEISCH
UND SÜSS-SCHARFEM DIP

Mais harmoniert in diesen knusprigen Küchlein gut mit dem Krebsfleisch, da er den zarten Meeresfrüchtegeschmack nicht übertönt. Der einfache Mayonnaisedip, eine Mischung aus Süße und Schärfe, ist die ideale Beigabe.

ZUTATEN

125 g frischer Mais

310 g Mayonnaise

3 EL Zitronensaft, frisch gepresst

1 TL Old Bay Würze (im Fachhandel oder Internetversand erhältlich)

Salz

1 großes Ei

4 Scheiben weiches Weißbrot, ohne Rinde und klein gewürfelt

30 g Frühlingszwiebeln,

mitsamt der zarten grünen Spitzen klein geschnitten

500 g Krebsfleisch, von Schalen und Knorpeln befreit

2 EL Chili-Knoblauch-Sauce

1½ EL Honig

Abrieb von 1 Bio-Zitrone

125 g Panko-Paniermehl

Rapsöl zum Braten

Zitronen- oder Limettenspalten zum Garnieren

KÜCHENHELFER

1 Küchenmesser, 1 Zitronenpresse, 1 Reibe, 1 Mixer, Rührschüsseln, 1 Backblech, 1 Pfanne, 1 Pfannenwender

GETRÄNKEEMPFEHLUNG

Das zarte Krebsfleisch verlangt nach der Finesse eines Schaumweins. Mais hingegen bildet eine wunderbare Einheit mit Chardonnay, einer Spezialität aus Frankreich und Kalifornien. Was tun? Öffnen Sie eine Flasche Blanc de Blancs, ein ausschließlich aus Chardonnay-Trauben gekelterter Schaumwein.

Den Mais in der Küchenmaschine grob zerkleinern.

In eine große Schüssel geben und 60 g Mayonnaise, 1 Esslöffel Zitronensaft, Old Bay Würze, ¼ Teelöffel Salz und das Ei zufügen. Durchrühren, bis sich die Zutaten vermischt haben. Brotwürfel, Frühlingszwiebeln und das Krebsfleisch unterrühren. Abdecken und 1 Stunde kühl stellen.

In der Zwischenzeit den Dip anrühren. Dafür die restliche Mayonnaise, den übrigen Zitronensaft, die Chili-Knoblauch-Sauce, den Honig und Zitronenabrieb in einer Schüssel verrühren. Mit Salz abschmecken. Abdecken und bis zum Servieren in den Kühlschrank stellen.

Das Paniermehl in eine flache Schüssel geben. Das Krebsfleisch in 12 gleich große Portionen teilen und je zu einer 2,5 cm dicken Frikadelle formen. Jede gleichmäßig im Paniermehl wenden. Die Küchlein auf ein Backblech geben, abdecken und 30 Minuten kalt stellen.

Dann etwas Öl bei mittlerer Temperatur in einer Pfanne erhitzen. Nacheinander je 4 Küchlein auf einmal von beiden Seiten jeweils 3–4 Minuten braten, bis sie goldbraun sind. Die fertigen Küchlein kurz zum Trocknen auf Küchenpapier legen. Den Vorgang für die restlichen Küchlein wiederholen und die Pfanne bei Bedarf erneut einölen.

Die warmen Küchlein auf einer Servierplatte anrichten und mit Zitronenspalten und dem Dip servieren.

ERGIBT 12 KÜCHLEIN FÜR 4–6 PERSONEN

2

DRINKS & SNACKS

DRINKS & SNACKS

Wenn Freunde zu leckeren Drinks und schnellem Essen vorbeikommen, können wir trotz unseres geschäftigen Alltags die entspannte, gemütliche Atmosphäre genießen.

Jordan Anstatt den gesamten Samstag mit Einkäufen und Vorbereitungen für eine Dinnerparty zu verbringen, kaufen wir einfach ein paar Flaschen Wein, bereiten ein paar Häppchen vor, stellen eine Schüssel Oliven sowie gutes Brot mit Olivenöl auf den Tisch und laden ein paar Freunde ein. Egal an welchem Wochentag.

Christie Mein Mann mag vielleicht behaupten, dass die Krönung seines Lebens der Tag war, an dem er mich geheiratet hat. Aber insgeheim wissen wir beide, dass es unsere Bar ist. Sie besteht aus Hunderten Flaschen, zusammengetragen während unserer Reisen, und in der Tat ist diese Sammlung ein kleines Wunder. Absinth aus der Schweiz, Whiskeys aus Großbritannien, Kentucky und Japan, exotischer Mezcal aus Oaxaca, Kräuterbitter aus Italien, Liköre aus Frankreich – in dieser Bar findet man einfach alles.

Jordan Zu Drinks passen für mich am besten Speisen, die mit einer ganzen Bandbreite an kräftigen Geschmäckern ein Gegengewicht zur Intensität der Getränke bilden. Salzig, knackig, gehaltvoll, geschmeidig und cremig. Nichts zu Kompliziertes. Einfaches Essen verlangsamt den Effekt des Alkohols, während es gleichzeitig die Stimmung eines gemütlichen Beisammenseins belebt.

Christie Die Cocktailstunde kann zu einer Reise in die Vergangenheit werden. Eine herbe Margarita erinnert uns an das kleine Fischerdorf in Mexiko, in dem wir eine herrliche Woche verbracht haben. Ein purpurner Negroni trägt uns zurück in die staubigen Straßen Roms. Genauso wie ein gut gemixter Drink die Unterhaltung anregt, kann er auch ihr Hauptthema sein. Jeder Schluck aktiviert unser Geschmacksgedächtnis, das genauso mächtig sein kann wie ein Foto.

IDEEN *für schnelles* FINGERFOOD

*Wenn wir mit Arbeiten und Sport fertig sind und uns in der Küche Gedanken über
das Abendessen machen, sind wir beide bereit für einen Drink und Snacks.
Wir mögen schnelle, vegetarische Knabbereien, Antipasti, Meeresfrüchte und Dips.*

Um an Ihrem Cocktailabend gesundes, leckeres
Fingerfood servieren zu können, sollten Sie
immer ein paar passende Zutaten da haben.
An den Wochenenden machen wir häufig einen
Schwung Hummus oder Ratatouille. Wenn
wir einen leichten Appetit verspüren und den
Kühlschrank öffnen, sehen wir als Erstes lauter
gesunde Sachen.

HUMMUS-CROSTINI
Belegen Sie geröstetes Brot mit Hummus
+ Sellerieblättern + 1 Spritzer Olivenöl.

RATATOUILLE-AUFSTRICH
Braten Sie in 2 EL Olivenöl 1 Handvoll fein
gehackte Aubergine + 1 rote geputzte und
gewürfelte Paprika + ½ geschälte und gehackte
gelbe Zwiebel + 1 gehackte Knoblauchzehe
+ gehacktes frisches Basilikum und verteilen
Sie alles auf getoastetem Brot oder Kräckern.

MARINIERTE PILZE
Legen Sie kleine Pilze in 60 ml Olivenöl
+ 1 EL frisch gepressten Zitronensaft
+ 1 EL Sherryessig + Salz und Pfeffer ein.

AUSTERN MIT VINAIGRETTE
Servieren Sie aus der Schale gelöste Austern
mit einer Vinaigrette aus Weißweinessig + frisch
gepresstem Zitronensaft + gehackter Schalotte
+ Meersalz.

FISCHPLATTE
Platzieren Sie in Scheiben geschnittenen
Räucherlachs + eingelegte weiße Sardellen
+ eingelegte Sardinen + Kapern + Crème fraîche
+ Roggenbrot auf einer Servierplatte.

IDEEN *für schnelle* SPRUDELNDE COCKTAILS

Wir lieben sprudelnde Cocktails aus Sekt oder Sodawasser. Die spritzigen Drinks enthalten weniger Alkohol als die Klassiker, was besonders an Wochentagen gelegen kommt. Sie heben die Stimmung und kommen immer gut an.

Wir können einfach nicht ohne sprudelnde Getränke leben. Unser Kühlschrank ist immer mit Schaumweinen, Bier, Tonic-Wasser und vielem mehr gefüllt. Unser Wassersprudler ist eines unserer meistgenutzten Haushaltsgegenstände. Hier zeigen wir Ihnen einige unserer Lieblingskreationen. Jedes Rezept ergibt 1 Drink.

CAMPARI & SODA

Mischen Sie 60 ml Campari + Eiswürfel + Sodawasser. Mit Orangenscheiben garnieren.

KIR ROYAL

Mischen Sie 125 ml Schaumwein + 1 EL Crème de Cassis. Mit Zitronenschale garnieren.

TOM COLLINS

Mischen Sie 60 ml Gin + 2 EL frisch gepressten Zitronensaft + 1 EL Zuckersirup + Eiswürfel + Sodawasser.

PIMM'S ROYAL

Mischen Sie 125 ml Schaumwein + 2 EL Pimm's No. 1 + 1 Spritzer Zitronensaft. Mit einem Stück Gurke garnieren.

BLOODY MARY

Garnieren Sie dieses beliebte Katerfrühstück mit Sellerie oder Rettich. Oder versuchen Sie dazu Mixed Pickles, Peperoncini oder Olivenspieße, gefüllt mit Sardellen oder Chili.

ZUTATEN

Saft von 1 Zitrone

1 l Tomatensaft

2 TL frischer Meerrettich, gerieben

2 TL Worcestersauce

2 TL Selleriesalz

1 TL Cayennepfeffer

½ TL Paprikapulver

Schwarzer Pfeffer, frisch gemahlen

500 ml Wodka

Eiswürfel

6 Stangen Staudensellerie mit Blättern

6 lange, dünne Rettichscheiben

KÜCHENHELFER

1 Küchenmesser, 1 Reibe, 1 Zitronenpresse, 1 großer Krug, 6 Whiskeygläser

Den Zitronensaft in den Krug füllen. Tomatensaft, Meerrettich, Worcestersauce, Selleriesalz, Cayennepfeffer, Paprikapulver und etwas schwarzen Pfeffer zufügen und alles gut verrühren. Den Wodka zugeben und nochmals durchrühren.

Die Gläser mit Eiswürfeln füllen und die Bloody Mary eingießen. Mit Sellerie und Rettich garnieren und servieren.

FÜR 6 PERSONEN

MICHELADA

In Mexiko fügt man diesem beliebten würzigen Biercocktail gerne Tomatensaft hinzu (90 ml pro Glas). Für ein bisschen mehr Feuer würzen Sie den Cocktail mit 2 Spritzern scharfer Sauce.

ZUTATEN

Grobes Meersalz

3 Limettenspalten

Eiswürfel

125 ml Zitronensaft, frisch gepresst

Worcestersauce

Chilisauce

2 Flaschen mexikanisches Bier à 375 ml, z.B. Superior

KÜCHENHELFER

1 Küchenmesser, 1 Zitronenpresse, 2 große Gläser

Eine dünne Schicht Salz auf einem kleinen Teller verteilen. Die Ränder der Gläser mit einer der Limettenspalten anfeuchten und so in das Salz tunken, dass dieses gleichmäßig haften bleibt. Die Gläser mindestens 15 Minuten im Gefrierschrank kalt stellen.

Gläser herausnehmen und in jedes mehrere Eiswürfel geben. Die Hälfte des Limettensafts und je einen Spritzer Worcester- und Chilisauce zufügen. Jedes Glas mit einer Flasche Bier auffüllen, mit den Limettenspalten garnieren und servieren.

FÜR 2 PERSONEN

MIMOSA

Dieser beliebte Cocktail ist ideal für geschäftige Gastgeber. Sie können aus dem Mimosa auch schnell einen Bellini machen, indem Sie den Orangensaft gegen Pfirsichnektar austauschen. Im Winter können Sie den Orangen- durch Granatapfel- oder Cranberrysaft ersetzen.

ZUTATEN

280 ml Orangensaft, frisch gepresst und gut gekühlt

6 EL Orangenlikör (optional), z.B. Cointreau, Triple Sec oder Grand Marnier

750 ml Champagner oder anderer Schaumwein, gut gekühlt

6 Orangenspalten

KÜCHENHELFER

Küchenmesser, 6 Sektflöten oder Weingläser

Die Gläser mindestens 15 Minuten im Gefrierschrank kalt stellen.

In jedes der gekühlten Gläser 3 EL Orangensaft und 1 EL Cointreau geben. Dann vorsichtig mit Sekt auffüllen. Jedes Glas mit einer Orangenspalte garnieren und servieren.

FÜR 6 PERSONEN

KLASSISCHER MARTINI

Garnieren Sie diesen Cocktail mit einem Zitronentwist: Benutzen Sie einen Zestenschneider, um die Schale so abzuschaben, dass sie sich schön kringelt. Ziehen Sie den Zitronentwist für das Aroma durchs Glas und drapieren Sie die Schale dann auf dem Rand.

ZUTATEN

Eiswürfel

180 ml Gin

2–4 TL trockener Wermut

2 Bio-Zitronentwists (s.o.) oder mit Paprika gefüllte grüne Oliven

KÜCHENHELFER

2 Martini- oder Whiskeygläser, 1 Cocktailshaker, 1 Zester, optional: 2 Cocktailspieße

Möchten Sie den Martini »up«, also kalt, aber ohne Eiswürfel, servieren, stellen Sie zwei Martinigläser mindestens 15 Minuten im Gefrierschrank kalt. Soll er »on the rocks« sein, zwei Whiskeygläser mit Eiswürfeln füllen.

Den Cocktailshaker zur Hälfte mit Eiswürfeln füllen. Gin und Wermut nach Belieben zufügen. 20 Sekunden kräftig schütteln und dann gleichmäßig auf die vorbereiteten Gläser verteilen. Mit dem Zester 2 Zitronentwists schneiden und die Gläser damit dekorieren. Alternativ können Sie die Drinks auch mit einer aufgespießten Olive servieren.

FÜR 2 PERSONEN

SIDECAR

Schmeißen Sie eine Prohibitionsparty und servieren Sie dazu diesen Cocktail, der einer der beliebtesten zu jener Zeit des Alkoholverbots in den USA war.

ZUTATEN

Eiswürfel

160 ml Brandy

2 EL Orangenlikör, z.B. Cointreau, Triple Sec oder Grand Marnier

2 EL Zitronensaft, frisch gepresst

2 Bio-Zitronenzesten

KÜCHENHELFER

1 Küchenmesser, 1 Zitronenpresse, 1 Zester, 2 Martinigläser, 1 Cocktailshaker

Die Gläser mindestens 15 Minuten im Gefrierschrank kalt stellen.

Den Cocktailshaker zur Hälfte mit Eiswürfeln füllen. Brandy, Orangenlikör und Zitronensaft zufügen und 20 Sekunden kräftig schütteln. Gleichmäßig auf die vorbereiteten Gläser verteilen. In die Zitronenzesten jeweils einen Knoten machen und vor dem Servieren ins Glas geben.

FÜR 2 PERSONEN

MEYER LEMON DROP

Der Geschmack dieses Cocktails wird durch Wodka mit Meyerzitronenaroma (süße Zitrone) veredelt. Wenn Sie den nicht bekommen können, nehmen Sie stattdessen einfachen Wodka.

ZUTATEN

Feinster Zucker

1 Zitronenspalte

Eiswürfel

125 ml Meyerzitronenwodka

2 EL Orangenlikör, z.B. Cointreau oder Triple Sec

2 Bio-Zitronentwists

KÜCHENHELFER

1 Küchenmesser, 1 Zester, 2 Martinigläser, 1 Cocktailshaker

Eine dünne Schicht Zucker auf einem kleinen Teller verteilen. Die Ränder der Gläser mit der Zitronenspalte anfeuchten und so in den Zucker tunken, dass dieser gleichmäßig haften bleibt. Die Gläser für mindestens 15 Minuten im Gefrierschrank kalt stellen.

Den Cocktailshaker zur Hälfte mit Eiswürfeln füllen. Wodka und Orangenlikör zufügen und 20 Sekunden kräftig schütteln. Gleichmäßig auf die vorbereiteten Gläser verteilen. Mit dem Zester 2 Zitronentwists schneiden und die Gläser damit garnieren. Wenn Sie mögen, können Sie die Zitronentwists auch wie beim Sidecar verknoten.

FÜR 2 PERSONEN

SOMMERLICHE ROSÉ-SANGRIA

Rosé und eine Mischung aus Beeren und Steinfrüchten anstelle von Rotwein und Zitronenscheiben machen aus dieser Sangria die perfekte Erfrischung für laue Sommerabende.

ZUTATEN

1 Flasche (750 ml) provenzalischer Rosé

310 ml weißer Cranberrysaft, alternativ roter Cranberrysaft

250 g Himbeeren

250 g Brombeeren oder 375 g entsteinte Kirschen

1 Nektarine, entsteint und in dünne Scheiben geschnitten

1 gelber oder weißer Pfirsich, entsteint und in dünne Scheiben geschnitten

Eiswürfel

KÜCHENHELFER

1 Küchenmesser, 1 Krug,
6–8 Wein- oder Whiskeygläser

Rosé, Cranberrysaft, Beeren, Nektarine und Pfirsich in einen Krug geben. Gut umrühren und ca. 2 Stunden in den Kühlschrank stellen, bis die Sangria kalt ist und sich die verschiedenen Aromen vermischt haben.

6–8 Gläser mit Eiswürfeln füllen, die Sangria gleichmäßig auf die Gläser verteilen und servieren.

FÜR 6-8 PERSONEN

MOJITO

Der frische Geschmack von Mojitos kommt von der perfekten Kombination aus Limette, Zucker und Minze. Seien Sie behutsam beim Mischen der Zutaten. Die Minzblätter sollen zwar leicht angestoßen werden, damit sie die ätherischen Öle abgeben, aber dabei nicht kaputtgehen.

ZUTATEN

Saft von 1 Limette (ca. 45 ml)

2 TL feinster Zucker

16 frische Minzblätter, plus 2 Minzzweige zum

Garnieren

Crushed Ice

125 ml klarer Rum

Sodawasser

KÜCHENHELFER

1 Küchenmesser, 1 Zitronenpresse,
2 Longdrinkgläser, optional: 1 Barlöffel,
1 Stößel oder 1 kleiner Holzlöffel

Pro Glas die Hälfte des Limettensafts mit je 1 Teelöffel Zucker mischen und so lange miteinander verrühren, bis sich der Zucker aufgelöst hat. Die Hälfte der Minzblätter zufügen und mit dem Stößel gegen den Glasboden drücken. Das Glas mit Crushed Ice füllen und die Hälfte des Rums zugeben. Verrühren und einen Spritzer Sodawasser zufügen. Zum Schluss die Gläser mit den Minzzweigen garnieren und servieren.

FÜR 2 PERSONEN

GIN TONIC MIT ROSMARIN

Durch das Zufügen von Rosmarin bekommt dieser Cocktailklassiker eine erfrischende Note. Für einen intensiveren Geschmack ritzen Sie die Rosmarinzweige ein wenig an, bevor Sie sie in den Drink geben.

ZUTATEN

Eiswürfel	375 ml Tonic-Wasser
125 ml Gin	2 frische Rosmarinzweige

KÜCHENHELFER

2 Longdrink- oder Whiskeygläser, optional: 1 Barlöffel

Die Gläser mit Eiswürfeln füllen. Pro Glas je eine Hälfte Gin und Tonic-Wasser zufügen und verrühren. Die Gläser mit den Rosmarinzweigen garnieren und servieren.

FÜR 2 PERSONEN

MARGARITA

Einige Barkeeper schwören auf Cointreau, andere auf Grand Marnier. Die einen ziehen weißen Tequila vor, die anderen goldenen. Einfach ausgedrückt: es gibt viele Rezepte für Margarita. Experimentieren Sie mit verschiedenen Sorten und finden Sie Ihre eigene Lieblingsversion.

ZUTATEN

Grobes Meersalz	2 EL Orangenlikör, z. B. Cointreau, Triple Sec oder Grand Marnier
1 Limettenspalte, plus 2 Limettenscheiben zum Garnieren	
Crushed Ice	2 EL Limettensaft, frisch gepresst
90 ml weißer Tequila	

KÜCHENHELFER

1 Küchenmesser, 1 Zitronenpresse, 2 Whiskey- oder Margaritagläser, 1 Cocktailshaker

Eine dünne Schicht Salz auf einem kleinen Teller verteilen. Die Ränder der Gläser mit der Limettenspalte anfeuchten und so in das Salz tunken, dass es gleichmäßig haften bleibt. Die Gläser mindestens 15 Minuten im Gefrierschrank kalt stellen. Danach vorsichtig etwas Crushed Ice hineingeben.

Den Cocktailshaker zur Hälfte mit Crushed Ice füllen. Tequila, Orangenlikör und Limettensaft zufügen und 20 Sekunden kräftig schütteln. Gleichmäßig auf die vorbereiteten Gläser verteilen. Jedes Glas mit einer Limettenscheibe garnieren und servieren.

FÜR 2 PERSONEN

CRANBERRY GIN FIZZ

Ein Spritzer Cranberrysaft verleiht dem Gin Fizz eine farbenfrohe winterliche Note. Und wenn Cranberrys Saison haben, garnieren Sie jeden Drink mit ein paar frischen Beeren.

ZUTATEN

Eiswürfel

30 ml Zitronensaft, frisch gepresst

125 ml Gin

2 TL feinster Zucker

60 ml Cranberrysaft, ungesüßt

4 EL Sodawasser

2 Zitronenscheiben

KÜCHENHELFER

1 Küchenmesser, 1 Zitronenpresse, 2 Whiskeygläser, 1 Cocktailshaker, optional: 1 Barlöffel

In jedes Glas 2–3 Eiswürfel geben. Den Cocktailshaker zur Hälfte mit Eiswürfeln füllen. Zitronensaft, Gin, Zucker und Cranberrysaft zufügen und 20 Sekunden kräftig schütteln. Gleichmäßig auf die vorbereiteten Gläser verteilen. In jeden Drink 2 Esslöffel Sodawasser geben. Umrühren, mit Zitronescheiben garnieren und servieren.

FÜR 2 PERSONEN

WÜRZIGER HOT TODDY

Ein Hot Toddy nach dem Essen ist an einem kalten Winterabend gerau das Richtige. Normalerweise wird er mit Zimt gewürzt, aber wir ziehen Ingwer und Sternanis vor.

ZUTATEN

375 ml Apfelsaft

1 TL Honig

1 Stück frischer Ingwer (1 cm groß), geschält

2 Sternanis

125 ml Brandy

Saft von 1 Zitrone

KÜCHENHELFER

1 Gemüsemesser, 1 Küchenmesser, 1 Zitronenpresse, 1 kleiner Topf, 1 feines Sieb, 2 hitzebeständige Becher

Apfelsaft, Honig, Ingwer und Sternanis in einem kleinen Topf bei mittlerer Temperatur zum Köcheln bringen und gut verrühren. Von der Herdplatte nehmen und Brandy und Zitronensaft einrühren. Den Sternanis beim Eingießen des Getränks in die Becher herausfiltern und als Garnierung verwenden.

FÜR 2 PERSONEN

ZITRONENVERBENEN-LIMONADE

Zitronenverbene gibt der selbst gemachten Limonade eine blumige, frische Note. Können Sie keine Verbene bekommen, verwenden Sie stattdessen frische Minze. Wenn Sie mögen, können Sie auch den Zucker durch Honig ersetzen.

ZUTATEN

8 frische Blätter Zitronenverbene plus einige Blätter zum Garnierer

125 g Zucker

310 ml Zitronensaft

Eiswürfel

2 Bio-Zitronen, in dünne Scheiben geschnitten

KÜCHENHELFER

1 Küchenmesser, 1 Zitronenpresse, 1 Topf, 1 feines Sieb, 1 Krug, 6–8 Whiskeygläser

500 ml Wasser in einem Topf bei hoher Temperatur zum Kochen bringen. Von der Herdplatte nehmen und Zitronenverbeneblätter und Zucker zufügen. Umrühren, bis sich der Zucker aufgelöst hat, und 10 Minuten ziehen lassen. Durch ein feines Sieb in den Krug gießen, abdecken und 30 Minuten in den Kühlschrank stellen.

Zitronensaft und 1 Liter Wasser zum Verbenesirup geben und gut umrühren. 6–8 Whiskeygläser mit Eiswürfeln füllen und die Limonade einschenken. Jedes Glas vor dem Servieren mit Verbeneblättern und Zitronenscheiben garnieren.

FÜR 6–8 PERSONEN

GRANATAPFEL-SPRUDEL

Inzwischen gibt es eine große Anzahl an verschiedenen Granatapfelsirups zu kaufen, die weniger süß sind als Grenadine, dem bekanntesten unter ihnen. Falls Sie keine der weniger süßen Varianten bekommen, können Sie auch Grenadine benutzen.

ZUTATEN

Eiswürfel

125 ml Granatapfelsirup

125 ml Limettensaft, frisch gepresst (von 4–5 Limetten)

375 ml Mineralwasser

Dünne Bio-Limettenscheiben für die Garnierung

Granatapfelkerne für die Garnierung

KÜCHENHELFER

1 Küchenmesser, 1 Zitronenpresse, 2 Longdrinkgläser, 1 Cocktailshaker

Eiswürfel in die Gläser geben. Den Cocktailshaker zur Hälfte mit Eiswürfeln füllen und Granatapfelsirup und Limettensaft zugeben. 20 Sekunden kräftig schütteln und in die vorbereiteten Gläser gießen. Jedes Glas mit je einer Hälfte des Mineralwassers auffüllen. Mit Limette und Granatapfelkernen garnieren und servieren.

FÜR 2 PERSONEN

DARK AND STORMY

Dieser Cocktail ist das Nationalgetränk der Bermudas. Dort wird er traditionell mit Gosling's Dark Rum und Barritt's Ginger Beer zubereitet, aber andere Marken dunklen Rums und Ingwerbiers tun es genauso.

ZUTATEN

Crushed Ice oder Eiswürfel

125 ml dunkler Rum

375 ml Ingwerbier

2 Bio-Limettenspalten

KÜCHENHELFER

1 Küchenmesser, 2 Longdrinkgläser, optional: 1 Barlöffel

Das Eis in die Gläser geben. Jedes Glas zur Hälfte mit Rum und zur anderen Hälfte mit Ingwerbier auffüllen. Gut verrühren. Mit den Limettenspalten garnieren und servieren.

FÜR 2 PERSONEN

MARINIERTE OLIVEN

Sie müssen sich nicht penibel an die Oliven-sorten halten, die in diesem Rezept angegeben sind. Wählen Sie einfach auf dem Markt eine bunte Mischung an leckeren Oliven aus.

ZUTATEN

75 g Picholine-Oliven

75 g Marokkanische Oliven

75 g Nizza-Oliven

1 Bio-Orange

1 Bio-Zitrone

2 frische Thymianzweige

1 Knoblauchzehe, gehackt

1½ EL Olivenöl, extra vergine

KÜCHENHELFER

1 Küchenmesser, 1 Zester, 1 Rührschüssel, 1 Pfanne

GETRÄNKEEMPFEHLUNG

Oliven passen besonders gut zu einem unserer Lieblingsweine: dem oft unterschätzten Sherry. Probieren Sie einen gut gekühlten Manzanilla oder Fino.

Die Oliven unter kaltem Wasser abspülen und trocken tupfen. Mit dem Zester die Hälfte der Orangenschale in Streifen schneiden und zu den Oliven geben. Ebenso mit der Zitrone ver-fahren. Abgezupfte Thymianblätter, Knoblauch und Olivenöl zufügen und vermengen.

Direkt vor dem Servieren die Oliven in einer Pfanne bei niedriger Temperatur kurz erhitzen. Dann in einem Schälchen zusammen mit einem kleinen Schüsselchen für die Kerne servieren.

FÜR 6-8 PERSONEN

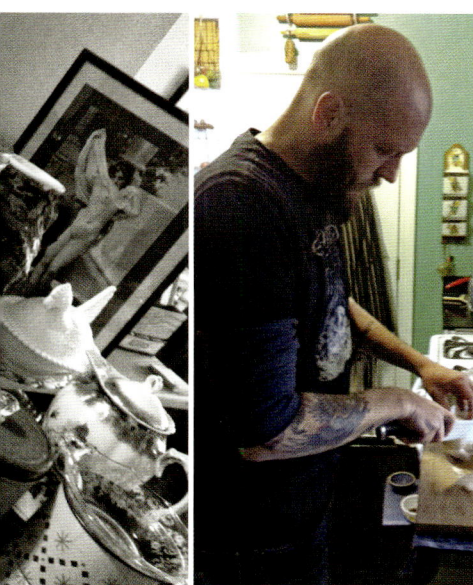

In der Küche mit
MINDY SEGAL &
DAN THOMPKINS

Lieblingsdrinks
Altbier und Rotwein – Côtes du Rhône und leckerer Zinfandel.

Arbeitsteilung in der Küche
Dan bereitet das Fleisch zu und ich mache die Beilagen.

Was macht eine perfekte Dinnerparty aus?
Sechs bis acht Menschen, die sich verstehen!

Unser Lieblingsessen für die Seele
Bohnen, gekocht in Dans Schweinshaxen-bouillon. Wir kaufen dafür getrocknete Bohnen von Rancho Gordo in Kalifornien.

Kulinarisches Festtagsfiasko
Unser erstes gemeinsames Thanksgiving fand bei meinen Eltern statt. Dan war völlig verzweifelt, weil es in meiner Familie keine Sauce zum Truthahn gab.

Liebste Zutat
Bacon – geräucherter, salziger Bacon. Den gibt es bei uns jeden Tag.

Nützliche Küchentipps
Entsorgen Sie all Ihre Plastikdosen und benutzen Sie stattdessen Zipbeutel, um Lebensmittel zu lagern und einzufrieren. Und bewahren Sie all Ihre Möhren-, Zwiebel- und Selleriereste auf, um Brühe daraus zu kochen.

Für die richtige Stimmung
Wir benutzen Tonnen von Votivkerzen, um den Raum besonders gemütlich zu gestalten.

PIKANTE MANDELN

Geröstete Mandeln erfüllen die Küche mit einem herrlich süßen Duft. Sie sind eine tolle Knabberei, besonders wenn man sie zusammen mit einem gekühlten Rosé oder einem klassischen Manhattan genießt.

ZUTATEN

315 g unbehandelte Mandeln, ganz

1 TL Salz

2 TL Olivenöl, extra vergine

1–2 Prisen Cayennepfeffer

¼ TL Knoblauchpulver (optional)

KÜCHENHELFER

1 Rührschüssel, 1 Backblech,
1 Kochlöffel

Den Ofen auf 165 °C vorheizen.

Die Mandeln mit 2 Esslöffeln Wasser und dem Salz in einer Schüssel vermengen, sodass sich alles gut vermischt. Auf einem Backblech verteilen und 8 Minuten rösten.

Das Blech aus dem Ofen nehmen. Olivenöl über die Mandeln träufeln und mithilfe eines Kochlöffels durchmengen, sodass sich das Öl gleichmäßig verteilt. Cayennepfeffer und Knoblauchpulver darüberstäuben und nochmals gut durchmengen, damit sich die Gewürze gut vermischen. Für weitere 5–6 Minuten rösten, bis die Mandeln gebräunt sind und duften. Nach der Hälfte der Röstzeit einmal durchmengen. Anschließend aus dem Ofen nehmen und komplett auskühlen lassen. In einem luftdicht verschlossenen Behälter sind die Mandeln bis zu 1 Woche haltbar.

FÜR 6–8 PERSONEN

RADIESCHEN MIT MEERSALZ UND BUTTER

Dieses einfache Trio aus Radieschen, Meersalz und Butter ist ein französischer Klassiker. Das leicht scharfe Aroma der Radieschen wird von der cremigen Butter und dem Meersalz abgerundet. Eine perfekte Kombination, die die Vorfreude auf das Abendessen noch größer macht. Wenn möglich verwenden Sie kräftig rote, pinke und lilafarbene Radieschen.

ZUTATEN

1 Bund Radieschen

Meersalz

60 g Butter, zimmerwarm und in 4 gleich große Stücke geschnitten

1 Baguettebrot, in 1 cm dicke Scheiben geschnitten

KÜCHENHELFER

1 Gemüsemesser, 1 Brotmesser,
1 kleine Rührschüssel, 1 Durchschlag

Ist das Radieschengrün schön frisch und knackig, können Sie einige Stiele dranlassen. Alle anderen entfernen und die Wurzelenden ebenfalls abschneiden. Die Radieschen in Eiswasser einlegen, damit sie schön knackig werden. Nach 10 Minuten aus dem Wasser nehmen und mit einem Küchentuch trocken tupfen.

Auf einer Servierplatte oder einzelnen Tellern die Radieschen, ein Häufchen Meersalz und die Butter anrichten und zusammen mit dem Baguette servieren.

FÜR 4 PERSONEN

BRANDADE

Sie benötigen nur drei hochwertige Zutaten, um dieses beliebte provenzalische Gericht zu kochen: Klippfisch, Vollmilch und gutes Olivenöl. Allerdings müssen Sie das Gericht im Voraus planen, da der Fisch einen ganzen Tag in Wasser eingelegt werden muss.

ZUTATEN

750 g Klippfischfilets

½ Baguette, dünn in diagonale Scheiben geschnitten

125 ml Olivenöl, extra vergine, plus etwas Öl zum Einpinseln des Brots

250 ml Vollmilch

KÜCHENHELFER

1 Brotmesser, 1 große Rührschüssel, verschiedene Töpfe, 1 Backpinsel, 1 Backblech, 1 Kochlöffel

GETRÄNKEEMPFEHLUNG

Brandade vereint Gegensätze: kräftige und milde Aromen, cremige und feste Konsistenzen. Damit kann man das Gericht zusammen mit einer Vielzahl von Getränken servieren. Wir trinken gerne pikante Weine dazu wie einen spanischen Albariño oder einen griechischen Assyrtiko. Aber auch mit einem klassischen trockenen Martini kommt die Brandade ausgezeichnet zur Geltung.

Den Klippfisch in eine große Schüssel mit kaltem Wasser legen und 24 Stunden in den Kühlschrank stellen. Zwischendurch 3–4 Mal das Wasser gegen frisches austauschen. Dann das Wasser abgießen.

Den Ofen auf 180 °C vorheizen.

Den Fisch in einem großen Topf mit Wasser bedecken und dieses bei mittlerer Hitze zum Köcheln bringen. Von der Herdplatte nehmen, abdecken und 10 Minuten ziehen lassen. Dann den Fisch aus dem Wasser nehmen und stehen lassen, bis er so weit abgekühlt ist, dass man ihn weiterverarbeiten kann. In der Zwischenzeit die Baguettescheiben von beiden Seiten mit Olivenöl einpinseln und ca. 10 Minuten im Ofen rösten, bis das Brot goldbraun ist. Aus dem Ofen nehmen und beiseitestellen. Nachdem der Fisch abgekühlt ist, mit einer Gabel das Fleisch lösen und Haut und Gräten entfernen.

In einem kleinen Topf die Milch bei mittlerer Temperatur erwärmen, bis sich am Rand kleine Bläschen bilden. Dann den Topf von der Herdplatte nehmen.

Den Fisch und die Hälfte des Olivenöls in einem mittelgroßen Topf bei geringer Temperatur erwärmen. Mit einem Kochlöffel den Fisch zerstoßen und alles durchrühren, bis sich Fisch und Olivenöl miteinander vermischt haben. Langsam das restliche Öl und die Milch zugeben. Dabei weiter zerstampfen, bis sich die Zutaten zu einem weichen Püree vermischt haben.

Die Brandade in eine Schüssel geben und zusammen mit dem Baguette servieren.

FÜR 4–6 PERSONEN

ANTIPASTIPLATTE

Weil es so schön einfach ist, bereiten wir zu fast jeder unserer Dinnerpartys eine Antipastiplatte vor. Wir stellen eine Mischung aus Schinken und anderen Köstlichkeiten wie Käse, Oliven, manchmal auch Nüssen oder Feigen und Brotstangen zusammen und unsere Gäste können sich bedienen. Die Brotstangen können Sie gut schon einen Tag vorher zubereiten.

ZUTATEN

FÜR DIE BROTSTANGEN

Mehl zum Bestäuben der Arbeitsfläche

250 g Pizzateig, gekauft oder selbst zubereitet

Olivenöl, extra vergine, zum Beträufeln der Brotstangen

Meersalz

AUSSERDEM

155 g verschiedene Sorten marinierter Oliven

185–375 g dünn geschnittener Schinken, vorzugsweise Parmaschinken

185–375 g Pecorino Romano oder Parmigiano-Reggiano

185–375 g Weichkäse, z.B. Taleggio

6–8 frische Feigen, halbiert

KÜCHENHELFER

1 Küchenmesser, 1 Backblech,
1 Pizzaschneider, 1 Gitterrost

Für die Brotstangen den Ofen auf 200 °C vorheizen und ein Backblech mit Backpapier auslegen.

Auf einer leicht bemehlten Arbeitsfläche den Teig zu einem ca. 20 x 30 cm großen Rechteck ausrollen. Mit einem Pizzaschneider oder Messer den Teig längs in 2 cm breite Streifen schneiden. Insgesamt sollten dabei ca. 10 Stangen entstehen. Jeden Streifen mit den Händen auf der Arbeitsfläche hin und her rollen, bis sich der Teig zu einer dünnen Stange formt. An den Enden hochheben und mehrmals in der Luft zwirbeln. Auf das Backblech geben und die Enden leicht andrücken, sodass die Stangen ihre Länge behalten. Mit Olivenöl beträufeln und großzügig mit Meersalz bestreuen. 10–15 Minuten backen, bis sie goldbraun sind. Auf einem Gitterrost auskühlen lassen.

Oliven, Schinken, Käse, Feigen und Brotstangen auf 1–2 Tellern oder einem großen Holzbrett anrichten und servieren.

FÜR 4-6 PERSONEN

BURRATA MIT GERÖSTETEM BROT
UND ALTEN TOMATENSORTEN

Köstlicher, cremiger Burrata sollte nur zusammen mit bestem italienischen Brot serviert werden. Halten Sie nach einem mittelgroßen Laib mit einer knusprigen Kruste und einem weichen, elastischen Teig Ausschau. Schneiden Sie die Scheiben jedoch nicht zu dünn, damit das Brotinnere beim Rösten nicht zu hart wird.

ZUTATEN

1 Ciabattabrot, diagonal in Scheiben geschnitten

60 ml Olivenöl, extra vergine, plus etwas Öl zum Beträufeln

4 Knoblauchzehen, längs halbiert

750 g Tomaten, alte Sorten in verschiedenen Farben und Größen

1 Säckchen Burrata (ca. 315 g), alternativ Büffelmozzarella

Meersalz

Pfeffer, frisch gemahlen

KÜCHENHELFER

1 Brotmesser, 1 Küchenmesser, 1 Holzkohle- oder Gasgrill oder 1 Grillpfanne für den Herd, 1 Backpinsel

GETRÄNKEEMPFEHLUNG

Um den Kontrast zwischen dem cremigen Burrata und dem knusprig gerösteten Brot hervorzuheben, schenken wir gerne etwas mit einem lebhaften Charakter ein: Prosecco, Champagner oder andere sprudelnde Schaumweine. Ein frischer Weißwein wie Muscadet, Pinot Grigio oder ein trockener Riesling ist ebenfalls eine gute Wahl.

Den Kohle- oder Gasgrill auf mittlere Temperatur vorheizen. Alternativ die Grillpfanne bei mittlerer Temperatur auf dem Herd erhitzen.

Die Ciabattascheiben auf beiden Seiten mit Olivenöl bepinseln. Auf die heißeste Stelle des Grillrosts oder in die Pfanne legen und ca. 3 Minuten rösten, bis die Scheiben goldbraun sind und Rostabdrücke sichtbar werden. Das Brot wenden und nochmals 2–3 Minuten rösten, bis auch die zweite Seite gebräunt und knusprig ist. Auf einen Teller geben und die Oberseite jeder Scheibe mit einer Knoblauchzehe abreiben.

Je nach Größe die Tomaten in Hälften oder Spalten schneiden. Zusammen mit dem Käse und dem Brot auf einer Servierplatte anrichten. Mit Salz und Pfeffer würzen und servieren.

FÜR 4–6 PERSONEN

GERÖSTETE JUNGE ARTISCHOCKEN MIT AIOLI

Durch das Rösten kommen das natürliche Nussaroma und die Süße der Artischocken perfekt zur Geltung. Für dieses Rezept kombinieren wir sie mit einer frühlingshaften Aioli, einem Mayonnaisedip, verfeinert mit aromatischem Safran und herb-süßem Meyer-zitronensaft.

ZUTATEN

1 große Meyerzitrone (süße Zitrone) Alternativ: 1 normale Zitrone, plus 1 Tropfen Honig

1 kg junge Artischocken

60 ml Olivenöl, extra vergine

Salz

Pfeffer, frisch gemahlen

1 Prise Safranfäden

60 g Mayonnaise

1 Knoblauchzehe, gehackt

KÜCHENHELFER

1 Küchenmesser, 1 tiefes Backblech, 1 großer Topf, 1 Zitronenpresse, verschiedene Rührschüsseln, 1 Durchschlag

Den Ofen auf 220 °C vorheizen und ein tiefes Backblech mit Backpapier auslegen. Einen großen Topf zu ¾ mit Wasser füllen und bei hoher Temperatur zum Kochen bringen.

Die Zitrone halbieren, 1 Esslöffel Saft auspressen und beiseitestellen. Eine große Schüssel zu ¾ mit Wasser füllen und den restlichen Saft der Zitrone zugeben. Die Artischocken nacheinander bearbeiten: 2 cm der Spitze abschneiden. Die äußeren, festen und dunkelgrünen Blätter entfernen, bis die zarten, hellgrünen Innenblätter zum Vorschein kommen. Den Stielansatz abschneiden und die harten Blätter am Boden entfernen. Die Artischocke längs halbieren und mit einem kleinen Löffel das sogenannte Heu herauskratzen. Dann die beiden Hälften in das Zitronenwasser geben, um zu verhindern, dass sich das Fruchtfleisch braun verfärbt. Den gesamten Vorgang mit den übrigen Artischocken wiederholen.

Anschließend die Artischocken aus dem Zitronenwasser nehmen und in das kochende Wasser geben. Ca. 5 Minuten kochen, bis die Artischocken weich sind. Dann im Durchschlag gut abtropfen und abkühlen lassen.

In einer Schüssel die Artischocken mit Olivenöl und etwas Salz und Pfeffer gleichmäßig mischen. Alles nebeneinander auf das Backblech geben. 10–15 Minuten schmoren, bis sich der Boden und die Ränder braun färben.

In der Zwischenzeit die Aioli zubereiten. In einer kleinen Schüssel den Safran 5 Minuten in 1 Esslöffel heißem Wasser einweichen. In einer anderen Schüssel Mayonnaise, Knoblauch und den beiseitegestellten Zitronensaft mischen. Den Safran zusammen mit dem Wasser zugeben und gut verrühren. Mit Salz abschmecken.

Die Artischocken zusammen mit der Aioli anrichten und servieren.

FÜR 6-8 PERSONEN

Dieser stärkende Retrodip mit seinem scharfen Käsegeschmack ist ein Überbleibsel von Gartenpartys der 50er-Jahre. Man kann sowohl den Dip gut vorbereiten als auch die Crostini, die man kurz vor dem Servieren noch mal aufbackt.

ZUTATEN

FÜR DIE CROSTINI

24 Baguettescheiben

Olivenöl, extra vergine, zum Einpinseln der Brote

FÜR DEN DIP

250 g Mayonnaise

125 g Cheddar, gerieben

250 g Frischkäse, zimmerwarm

1½ TL Old Bay Würze (im Fachhandel oder Internetversand erhältlich), plus etwas Würze extra

1 TL Worcestersauce

½ TL Salz

¼ TL weißer Pfeffer, frisch gemahlen

¼ TL Senfmehl

500 g Krebsfleisch, von Schalen und Knorpeln befreit

KÜCHENHELFER

1 Brotmesser, 1 Reibe, 1 Backblech, 1 Backpinsel, 1 große Rührschüssel, 1 Teigschaber, 1 kleine Backform

Für die Crostini den Ofen auf 220 °C vorheizen. Die Baguettescheiben auf dem Backblech verteilen und beide Seiten leicht mit Olivenöl einpinseln. Ca. 10 Minuten rösten, bis das Brot goldbraun ist. Auskühlen lassen. In einem luftdicht verschlossenen Behälter sind die Crostini 1 Tag haltbar.

Für den Krabbendip Mayonnaise, 90 g Cheddar, Frischkäse, Old Bay Würze, Worcestersauce, Salz, Pfeffer und Senfmehl in einer Schüssel mit einer Gabel vermengen, bis eine glatte Masse entsteht. Mit dem Teigschaber vorsichtig das Krebsfleisch unterheben. Die Creme in eine Backform geben und mit dem restlichen Cheddar bestreuen. Wird der Dip bereits am Vortag vorbereitet, kann er an dieser Stelle abgedeckt und in den Kühlschrank gestellt werden.

Sollte der Ofen nicht noch vom Backen der Crostini warm sein, auf 180 °C vorheizen. Den Dip mit ein wenig Old Bay Würze beträufeln und in den Ofen geben. 15–20 Minuten backen, bis die Oberfläche goldbraun ist und sich an den Rändern Bläschen bilden.

Den heißen Dip zusammen mit den Crostini auf einer großen, hitzebeständigen Servierplatte anrichten und servieren

ERGIBT 24 CROSTINI FÜR 8 PERSONEN

CRUDITÉS MIT ZAZIKI UND DIP
AUS GERÖSTETEN AUBERGINEN

Wir lieben Griechenland, wo Zaziki und Auberginendip auf fast jedem Tisch zu finden sind. Verwenden Sie für die Crudités das knackigste Gemüse, das Sie finden können. Das bringt mit seiner Frische die cremige Konsistenz der Sauce noch einmal mehr zur Geltung. Einige Zazikivarianten werden mit Knoblauch gewürzt, den Sie natürlich zufügen können.

ZUTATEN

FÜR DIE CRUDITÉS

250 g Babymöhren

250 g Weißpunktradieschen

250 g kleine Brokkoliröschen

250 g Kirschtomaten

250 g Gurken, in dicke Streifen geschnitten

Blätter von 1 Kopf Radicchio Treviso

FÜR DAS ZAZIKI

1 Gurke, geschält, halbiert und entkernt

1 Bio-Zitrone

500 g Griechischer Joghurt (aus Vollmilch)

2 EL frischer Dill, gehackt

2 EL frische Minze, gehackt

Salz

Pfeffer, frisch gemahlen

FÜR DEN DIP AUS GERÖSTETEN AUBERGINEN

2 Auberginen à 250 g

Saft von 1 Zitrone, nach Belieben mehr oder weniger

60 ml Olivenöl, extra vergine

1 TL Knoblauch, gehackt, nach Belieben mehr oder weniger

½ TL Chiliflocken

Salz

Pfeffer, frisch gemahlen

30 g Feta, zerbröselt

1 EL frische glatte Petersilie, gehackt

KÜCHENHELFER

1 Küchenmesser, 1 Gemüsemesser, 1–2 Reiben,
1 feines Sieb, 1 Zitronenpresse, 1 Rührschüssel,
1 tiefes Backblech, 1 Pürierstab

Den Ofen auf 260 °C vorheizen und das Backblech mit Backpapier auslegen.

Für die Crudités die Spitzen der Möhren und Radieschen abschneiden und längs halbieren. Zusammen mit dem restlichen Gemüse auf einer Servierplatte anrichten und beiseitestellen.

Für das Zaziki die Gurke grob raspeln. In ein Sieb geben und 10 Minuten abtropfen lassen. Anschließend restliches Wasser ausdrücken.

Die Zitronenschale abreiben und in eine Schüssel geben. Dann die Zitrone auspressen und den Saft zufügen. Geriebene Gurke, Joghurt, Dill und Minze zugeben und alles vermengen. Mit Salz und Pfeffer würzen und bis zum Servieren in den Kühlschrank stellen.

Für den Dip die Auberginen an mehreren Stellen mit einer Gabel einstechen und auf das Backblech legen. Unter gelegentlichem Wenden je nach Größe der Früchte 15–30 Minuten im Ofen schmoren, bis die Auberginen in sich zusammenfallen und die Haut dunkel wird. Aus dem Ofen nehmen.

Die Auberginen so weit abkühlen lassen, dass man sie verarbeiten kann. Dann aufschneiden, mit einem Löffel das Fruchtfleisch herauskratzen und die Haut entsorgen. Das Fruchtfleisch grob zerhacken und in eine Schüssel geben. Den Zitronensaft zufügen und mit Olivenöl, Knoblauch und Chiliflocken vermischen. Nach Belieben mit Salz und Pfeffer abschmecken.

Die Auberginenmischung pürieren und je nach Konsistenz einige Teelöffel Wasser oder Olivenöl zugeben, sodass ein cremiger Dip entsteht. Je nach Geschmack mit Salz, Zitronensaft und Knoblauch abschmecken. Mit Feta und Petersilie bestreuen und in eine Servierschüssel geben. Die Crudités zusammen mit dem Zaziki und Dip servieren.

FÜR 4–6 PERSONEN

In der Küche mit
AKI KAMOZAWA &
ALEX TALBOT

Hors d'oeuvre-Dauerbrenner für Gäste

Jalapeño Popper. Unsere Version haben wir
von einer früheren Kollegin, die in Colorado
für uns gearbeitet hat. Wir schneiden die Jala-
peños auf und füllen sie mit einer Mischung
aus Frischkäse und Mozzarella, wickeln sie in
Bacon ein und backen sie bei hoher Temperatur,
bis sie schön knusprig-zart sind.

Das gemeinsame Küchenglück bewahren

Frag nach Hilfe, wenn du sie brauchst. Es
passiert schnell, dass man in seinen Arbeits-
rhythmus verfällt und annimmt, der Partner
weiß, was man vorhat. Doch auch nach vielen
gemeinsamen Jahren in der Küche bringen
wir es noch immer fertig, uns gegenseitig zu
überraschen. Kommunikation ist alles.

Kulinarisches Festtagsfiasko

In einem Jahr tat Alex Dill in die Truthahn-
füllung. Es war das erste und letzte Mal.
Ein anderes Jahr wollten wir selbst gemachte
Marshmallows zum Süßkartoffeleintopf machen. Das Blech war auf der obersten Schiene
im Ofen. Die Marshmallows klebten am Heizelement fest und verbrannten. Zum Glück
hatten wir ein Ersatzblech in der Hinterhand.

Unser Lieblingsessen für die Seele

AKI: Engelshaarpasta mit Butter und Käse.
Ein Klassiker aus Kindertagen.
ALEX: Ein guter Cheeseburger.

Unsere Stärke als Paar in der Küche

Anpassungsfähigkeit. Wenn man in profes-
sionellen Küchen arbeitet, lernt man, das
Unvorhersehbare zu erwarten und die Dinge
zu regeln.

CROSTINI MIT WEISSEN BOHNEN, KNOBLAUCH UND GRÜNKOHL

Pikanter Knoblauch, cremige weiße Bohnen, leicht bitteres Grünzeug und würziges Olivenöl bilden einen besonderen Belag für diese gerösteten Brotscheiben. Halten Sie während der kalten Monate auf dem Markt nach Grünkohl – auch als Krauskohl, Braunkohl oder friesische Palme bekannt – Ausschau.

ZUTATEN

FÜR DIE CROSTINI

16 Baguettescheiben

Olivenöl, extra vergine, zum Einpinseln

FÜR DEN BELAG

12 kleine Blätter Grünkohl (ca. 125 g Gesamtgewicht)

2 EL Olivenöl, extra vergine, plus etwas Öl

zum Beträufeln

1 Knoblauchzehe, in dünne Scheiben geschnitten

125 ml Hühnerbrühe

330 g Cannellini-Bohnen (Dose), gewaschen und abgetropft

Meersalz

Chiliflocken

KÜCHENHELFER

1 Brotmesser, 1 Küchenmesser, 1 Durchschlag, 1 Backblech, 1 Backpinsel, 1 große Pfanne

GETRÄNKEEMPFEHLUNG

Zu diesen Crostini passt ein spritziger Weißwein. Aber auch ein italienischer Verdicchio oder Vermentino harmonieren sehr gut, da sie einen leicht bitteren Geschmack im Abgang haben. Auch Cocktails mit Gin als Hauptzutat, beispielsweise Gin Tonic (Seite 72), schmecken stark genug, um die Crostini hervorragend zu ergänzen.

Für die Crostini den Ofen auf 180 °C vorheizen. Die Baguettescheiben auf ein Backblech legen und beide Seiten mit etwas Olivenöl einpinseln. Ca. 10 Minuten rösten, bis das Brot goldbraun ist. Nach dem Rösten auskühlen lassen. Die kalten Crostini können in einem luftdicht verschlossenen Behälter 1 Tag aufbewahrt werden.

Den Ofen nun auf 200 °C vorheizen. Die mittleren Stiele der Kohlblätter entfernen und die Blätter grob klein hacken. Das Olivenöl in einer Pfanne bei hoher Temperatur erhitzen. Den Kohl zufügen und unter häufigem Rühren ca. 2 Minuten braten, bis die Blätter zusammenfallen und brutzeln. Die Temperatur reduzieren und den Knoblauch sowie die Brühe zugeben. Abdecken und ca. 10 Minuten köcheln lassen, bis der Kohl zart ist.

Dann den Kohl in die eine Hälfte der Pfanne schieben und die Bohnen in die andere geben. Ca. 5 Minuten köcheln lassen, bis die Bohnen den Großteil der Brühe aufgenommen haben. Mit einer Gabel Bohnen und Kohl vermengen und leicht zerdrücken, bis alles vermischt ist. Nach Belieben mit Salz und Chiliflocken würzen.

Je einen Löffel der Bohnenmischung auf jedes Crostini geben und mit etwas Olivenöl beträufeln. Auf einer großen Platte oder einzelnen Tellern anrichten und servieren.

ERGIBT 16 CROSTINI FÜR 4 PERSONEN

CROSTINI MIT DICKEN BOHNEN, ZIEGENKÄSE UND MINZE

Dicke Bohnen haben nur begrenzt Saison und benötigen ein bisschen Vorbereitungszeit, damit sie richtig gut schmecken. Also schenken Sie sich ein Glas Wein ein, legen schwungvolle Musik auf und beginnen Sie mit dem Bohnenpalen.

ZUTATEN

FÜR DIE CROSTINI

24 Baguettescheiben

Olivenöl, extra vergine, zum Einpinseln

AUSSERDEM

Meersalz

250 g dicke Bohnen, gepalt

155 g frischer Ziegenkäse

2 EL frische Minze, gehackt, plus ein paar kleine Blättchen zum Garnieren

1 EL frischer Schnittlauch, klein geschnitten

2 EL Olivenöl, extra vergine

Pfeffer, frisch gemahlen

KÜCHENHELFER

1 Brotmesser, 1 Küchenmesser, 1 Küchenschere, 1 Backblech, 1 Backpinsel, 1 großer Topf, verschiedene Rührschüsseln, 1 Durchschlag

GETRÄNKEEMPFEHLUNG

Bereiten Sie zu den Crostini eine Runde Mojitos vor (Seite 70), da sowohl die Crostini als auch die Mojitos mit Minze zubereitet werden. Alternativen sind auch die herb-süße Margarita (Seite 72) oder Limonade (Seite 75). Weintrinker können einen französischen oder neuseeländischen Sauvignon Blanc oder einen zitronigen Rueda aus Spanien entkorken.

Für die Crostini den Ofen auf 180 °C vorheizen. Die Baguettescheiben auf ein Backblech legen und beide Seiten mit etwas Olivenöl einpinseln. Ca. 10 Minuten rösten, bis das Brot goldbraun ist. Nach dem Backen abkühlen lassen. Die kalten Crostini können in einem luftdicht verschlossenen Behälter 1 Tag aufbewahrt werden.

Einen großen Topf Salzwasser bei hoher Temperatur zum Kochen bringen. In der Zwischenzeit eine große Schüssel Eiswasser vorbereiten. Die Bohnen in das kochende Wasser geben und 3 Minuten blanchieren. Im Durchschlag abtropfen lassen und dann in das Eiswasser geben. Wenn die Bohnen kalt sind, die feste Haut, die die Bohnen umgibt, mit den Fingern entfernen. Dann die Bohnen beiseitestellen.

Den Ziegenkäse in eine kleine Schüssel bröseln. Mit Minze und Schnittlauch vermengen. Den Käse gleichmäßig auf den Crostini verteilen und auf jedes Brot ein paar Bohnen geben. Mit Olivenöl beträufeln und mit Salz und Pfeffer würzen. Mit Minzblättchen garnieren. Auf einer Servierplatte oder einzelnen Tellern anrichten und servieren.

ERGIBT 24 CROSTINI FÜR 6-8 PERSONEN

MELONENSPIESSE MIT MANCHEGO
UND SERRANO-SCHINKEN

Hier vereinen sich Wassermelone, leicht pikanter Manchego-Käse und salziger Serrano-Schinken. Auf Cocktailspieße gesteckt und mit schwarzem Pfeffer und Olivenöl abgerundet, erweisen sich diese außergewöhnlichen Spieße als wahre Appetitanreger.

ZUTATEN

625 g Wassermelone, entkernt

250 g Serrano-Schinken

155 g Manchego

Pfeffer, frisch gemahlen

Olivenöl, extra vergine

KÜCHENHELFER

1 Küchenmesser, Cocktailspieße

GETRÄNKEEMPFEHLUNG

Um bei den spanischen Aromen dieses leckeren und herzhaften Fingerfoods zu bleiben, servieren wir gerne einen hellen und pikanten Albariño oder einen Cava, ein wunderbarer Schaumwein aus Katalonien. Auch ein portugiesischer Vinho Verde, hell und leicht prickelnd, ist eine gute Wahl.

Das Fruchtfleisch der Melone von der Rinde befreien und in 2,5 cm dicke Würfel schneiden. Den Schinken in 1 cm breite Streifen schneiden. Die Rinde des Manchegos entfernen und den Käse in dünne Stücke schneiden, die der Größe der Melonenwürfel entsprechen.

Für die Spieße ein Stück Käse auf ein Stück Melone spießen und mit 1–2 gefalteten Schinkenstreifen abschließen.

Zum Servieren die Spieße auf einer Platte anrichten, großzügig schwarzen Pfeffer darübermahlen und mit 1–2 Tropfen Olivenöl beträufeln.

ERGIBT CA. 20 SPIESSE FÜR 4–6 PERSONEN

GEFÜLLTE EIER MIT BRUNNENKRESSE

Dies ist unsere moderne Variante eines Klassikers. Bio-Eier prahlen mit einer buttrigen orangefarbenen Füllung. Die leckere, erfrischende Brunnenkresse und die herbe Zitronenschale runden den vollen Geschmack der Eier hervorragend ab.

ZUTATEN

6 große Eier

1 großes Bund Brunnenkresse

1 Frühlingszwiebel, mitsamt der zarten grünen Spitzen gehackt

1 TL Bio-Zitronenschale, fein gerieben

3 EL Mayonnaise

Salz

Pfeffer, frisch gemahlen

KÜCHENHELFER

1 Küchenmesser, 1 Reibe, 1 Topf, 1 Rührschüssel

Die Eier nebeneinander in den Topf legen und mit kaltem Wassser bedecken. Bei mittlerer Temperatur zum Kochen bringen. Sobald das Wasser sprudelt, den Topf von der Herdplatte nehmen, abdecken und 15 Minuten stehen lassen.

Den Deckel vom Topf nehmen und die Eier mit kaltem Wasser abschrecken. Pellen und der Länge nach in Hälften schneiden. Mit einem Löffel vorsichtig die Eigelbe entfernen und in eine Schüssel geben. Das Weiße der Eier mit der ausgehöhlten Seite nach oben beiseitestellen. Die Eigelbe mit einer Gabel zu einem weichen Brei zerkleinern.

Die harten Stiele der Brunnenkresse entfernen. 10 g Kresseblätter zerhacken und zusammen mit der Zwiebel, Zitronenschale und Mayonnaise zum Eigelb geben. Mit einer Gabel gut verrühren, sodass eine glatte, cremige Masse entsteht. Mit Salz abschmecken.

Die Eiweiße auf einer Servierplatte anrichten. Die Eigelbmischung mit einem kleinen Löffel gleichmäßig auf die Eiweiße verteilen. Leicht häufen. Ein wenig Pfeffer über jedes Ei mahlen, mit etwas Salz bestreuen und servieren.

ERGIBT 12 GEFÜLLTE EIER FÜR 4–6 PERSONEN

THUNFISCHTATAR MIT SESAM

Schrecken Sie nicht davor zurück, rohen Fisch zuzubereiten. Besuchen Sie einen Markt, der Thunfisch in Sushi-Qualität anbietet, und verarbeiten Sie den Fisch zügig. Mit den asiatischen Aromen von Ingwer, Soja, Chili und Limettensaft kombiniert, wird dieses Gericht ein voller Erfolg.

ZUTATEN

2 TL Sesamsamen

500 g Thunfisch, in Sushi-Qualität

¾ TL frischer Ingwer, geschält und gehackt

1½ EL Sojasauce, vorzugsweise natriumarm

2¼ TL Limettensaft, frisch gepresst

1 Jalapeño-Chili, fein gehackt

1½ EL asiatisches Sesamöl

Frischer Schnittlauch, in Stücke geschnitten

KÜCHENHELFER

1 Küchenmesser, 1 Zitronenpresse, 1 kleine Pfanne, 1 Rührschüssel

Die Sesamsamen in der Pfanne bei mittlerer Temperatur 2–5 Minuten unter häufigem Durchrühren rösten, bis der Sesam duftet und beginnt, braun zu werden. Zum Auskühlen auf einen kleinen Teller geben.

Mit einem sehr scharfen Messer Sehnen und Haut des Thunfischs entfernen. Den Fisch in 5 mm breite Würfel schneiden und in eine Schüssel geben. Ingwer, Sojasauce, Limettensaft, Jalapeño und Sesamöl zugeben und alles vorsichtig vermischen.

Zum Servieren den Thunfisch gleichmäßig auf einzelne Schüsseln oder Teller verteilen und die gerösteten Sesamsamen darüberstreuen. Mit dem Schnittlauch garnieren und servieren.

FÜR 4 PERSONEN

3

ABENDESSEN *für* ZWEI

ABENDESSEN *für* ZWEI

Ein selbst gekochtes Abendessen verbindet uns von Anfang an. Die üblichen Dates – Kaffee und Kino – haben wir nämlich ausfallen lassen und sind direkt in die Küche gegangen.

Jordan Kurz nachdem wir uns kennengelernt hatten, lud ich Christie zu einem Date ein, von dem ich glaubte, dass es der größte Spaß ist, den zwei Leute haben können: zu einem selbst gekochten Essen zu Hause. Rückblickend waren meine Ambitionen einfach nur naiv. Sie war in Neuengland aufgewachsen, trug Kostüm, sprach Französisch, fuhr ein rotes Cabrio und war Sommelière in einem der besten Restaurants des Landes. Ich kam aus Texas, fuhr Fahrrad, war unterbeschäftigter Freiberufler, der in einer WG mit Velourteppich und zwei Hippies lebte. Kurz gesagt: Sie spielte in einer völlig anderen Liga.

Meine Mitbewohner gingen und ich verbrachte den gesamten Tag in der Küche. Ich hatte mich für Hase entschieden, den ich nie zuvor zubereitet hatte. Es schien die perfekte Wahl zu sein: anspruchsvoll, aber doch bescheiden, bodenständig und (das hatte ich gelesen) perfekt zu Wein. Ich war überzeugt, sie zu beeindrucken.

Christie Der grauenhafte Teppich in der Wohnung störte mich nicht. Ich arbeitete jeden Abend in einem schicken Restaurant und stand selten selbst am Herd. Daher klang ein selbst gekochtes Essen wunderbar. Ich brachte eine Flasche Burgunder und eine Flasche Champagner mit, die wir flirtend tranken, bis er den Hauptgang servierte.

Ich esse eigentlich alles … außer Hasen. Als Kind war der Hase eine Art spirituelles Tier für mich. Der Dachboden meiner Eltern ist heute noch vollgestopft mit alten Hasenerinnerungsstücken aus Kindertagen. Mit anderen Worten: Ich könnte niemals Hasen essen.

Aber ich tat es doch. Ich zwang mich dazu, ihn zu essen, begleitet von jeder Menge Burgunder. Und es war gar nicht übel. Der Neue war sowohl charmant als auch ein guter Koch. Der Abend lief toll wie auch unsere nächsten Dates, die allesamt aus selbst gekochten Abendessen für zwei bestanden.

IDEEN *für schnelle* SALATE

Wir essen zu fast jeder Mahlzeit Salat, denn von knackigem Grünzeug und leckeren Dressings bekommen wir nie genug. Normalerweise servieren wir den Salat nach dem eigentlichen Essen. Außer am Pizzaabend, dann essen wir ihn direkt nebenher.

Am Anfang der meisten Kreationen stehen frische Salatblätter und anderes Grün, daher halten wir auf dem Markt immer nach den knackigsten Salatköpfen und den zartesten Blättern Ausschau. Romanasalat oder Kopfsalat ist oft unser Ausgangspunkt. Dazu kommt etwas Herzhaftes wie Chicorée, Friseésalat oder Rucola, mit denen wir über die Woche nach Lust und Laune variieren.

FRANZÖSISCHER GRÜNER SALAT

1 Kopfsalat + ½ Bund frischer Schnittlauch + Shalottenvinaigrette (siehe rechts).

SPINATSALAT

6 Handvoll junger Spinat + ½ dünn geschnittene rote Zwiebel + 2 Handvoll in Scheiben geschnittene Pilze + Balsamicovinaigrette (siehe rechts).

KNUSPRIGER ROMANASALAT

2 gehackte Romana-Salatherzen + 1 Handvoll gehackter Sellerie + 1 Handvoll Croûtons + 1 gehacktes, hart gekochtes Ei + Zitronen- oder Caesardressing (siehe rechts).

ASIATISCHER KRAUTSALAT

½ zerkleinerter Kopf Weißkohl + 1 geschälte und zerkleinerte Möhre + ½ Bund frischer, gehackter Koriander + 5 gehackte Minzblätter + Asiatisches Dressing (siehe rechts).

IDEEN *für schnelle* DRESSINGS

*Unsere Vorlieben für Dressings sind stimmungsabhängig. Aber wir mögen einen
Hauch von Säure, sodass wir für gewöhnlich eine Vinaigrette machen. Denken Sie dran:
Weniger ist mehr – schließlich möchten Sie ja kein ertränktes Gemüse auf dem Teller haben.*

Manchmal mischen wir die verschiedenen Zutaten unseres Dressings direkt auf dem Salat. Oder wir machen das Dressing in einem Glas: Dazu verschließen und schütteln wir es kräftig, bis sich die Zutaten verbunden haben. Wenn wir rohen Knoblauch oder Schalotten verwenden, hacken wir sie und weichen sie dann 10 Minuten in Zitronensaft oder Essig ein. So verteilt sich der scharfe Geschmack besonders gut. Anschließend geben wir die Schalotten oder den Knoblauch zusammen mit der Flüssigkeit zu den restlichen Zutaten.

DILLVINAIGRETTE
1 EL Weißweinessig + 1 Prise getrockneter Dill + Salz und Pfeffer + 3 EL Olivenöl, extra vergine.

DIJONVINAIGRETTE
1 EL Dijon-Senf + 1 EL Weißweinessig + 1 Prise Zucker + Salz und Pfeffer + 3 EL Olivenöl, extra vergine.

SCHALOTTENVINAIGRETTE
1 gehackte Schalotte + ½ EL Dijon-Senf + 1 EL Weißweinessig + 1 Prise getrockneter Dill + 1 Prise getrockneter Thymian + Salz und Pfeffer + 3 EL Olivenöl, extra vergine.

BALSAMICOVINAIGRETTE
1 gehackte Schalotte + 1 EL Balsamicoessig + Salz und Pfeffer + 3 EL Olivenöl, extra vergine.

ZITRONENDRESSING
1½ TL gehackter Knoblauch + 1 EL frisch gepresster Zitronensaft - Salz und Pfeffer + 3 EL Olivenöl, extra vergine.

LEICHTES CAESARDRESSING
1½ TL gehackter Knoblauch + 3 gehackte Sardellenfilets + 1 EL frisch gepresster Zitronensaft + Salz und Pfeffer + 3 EL Olivenöl, extra vergine.

ASIATISCHES DRESSING
1½ TL gehackter Knoblauch + 1 TL frischer geschälter und geriebener Ingwer + 1 EL asiatisches Sesamöl + 1 EL Reisessig + Salz und Pfeffer + 2 EL Rapsöl.

GAZPACHO

Gazpacho ist eines unserer liebsten Sommergerichte. Einige mögen sie etwas gröber, aber wir pürieren die Gazpacho immer, bis sie schön cremig ist. Anschließend geben wir ein paar knusprige Croûtons hinzu. Für eine leichte Mahlzeit reichen wir Salat dazu.

ZUTATEN

FÜR DIE GAZPACHO

500 g reife Tomaten, in 2,5 cm große Stücke geschnitten

90 g Eiertomaten (Dose) mitsamt dem Saft

1 große Knoblauchzehe, gehackt

30 g Gurke, geschält und entkernt

30 g rote Zwiebel, gehackt

30 g rote Paprika, entkernt und gehackt

1 Scheibe Landbrot vom Vortag, ohne Kruste und in 2,5 cm große Würfel

gezupft

1½ TL Sherryessig

1 TL Olivenöl, extra vergine, plus etwas Öl zum Beträufeln

1 Spritzer scharfe Chilisauce

Salz

Pfeffer, frisch gemahlen

FÜR DIE CROÛTONS

1 TL Olivenöl, extra vergine

1 Scheibe Landbrot vom Vortag, ohne Kruste und in 2,5 cm große Würfel geschnitten

Für die Gazpacho frische Tomaten zusammen mit den Dosentomaten in den Mixer geben und mit dem Knoblauch zu einem groben Püree verarbeiten.

Gurke, Zwiebel, Paprika und Brot zugeben und erneut mixen. Essig, Öl und Chilisauce zufügen und fein pürieren. Mit Salz und Pfeffer abschmecken.

Die Suppe in einen luftdicht verschließbaren Behälter geben und mindestens 3 Stunden oder über Nacht in den Kühlschrank stellen.

Vor dem Servieren die Croûtons zubereiten. Das Olivenöl in einer Pfanne bei mittlerer Temperatur erhitzen. Die Brotwürfel zufügen und unter häufigem Wenden ca. 5 Minuten rösten, bis das Brot von allen Seiten goldbraun ist. Auf einen Teller geben und auskühlen lassen.

Die Gazpacho nach Belieben abschmecken und nachwürzen. Die Suppe auf zwei Schüsseln verteilen und mit den Croûtons garnieren. Mit Olivenöl beträufeln und servieren.

FÜR 2 PERSONEN

KÜCHENHELFER

1 Küchenmesser, 1 Standmixer, 1 Pfanne, 1 luftdicht verschließbarer Behälter

ROTE LINSENSUPPE MIT KNUSPRIGEN ZWIEBELN

Die Inspiration für dieses Rezept stammt von einem reich gewürzten Linsengericht, das in Ägypten, dem Libanon und den Nachbarländern sehr beliebt ist. Rote Linsen werden schneller gar als andere Gemüse – so ist diese leckere, würzige Suppe rasch gemacht.

ZUTATEN

1 EL Olivenöl, extra vergine

½ gelbe Zwiebel, gehackt

½ TL Kreuzkümmel, gemahlen

¼ TL Koriander, gemahlen

1 Prise Chiliflocken

110 g halbierte rote Linsen, gewaschen

1 kleine Möhre, geschält und fein gehackt

1 kleine reife Tomate, geschält und gehackt

500 ml Gemüsebrühe

½ TL Salz

Schwarzer Pfeffer, frisch gemahlen

FÜR DIE ZWIEBELN

1½ TL Olivenöl, extra vergine

½ kleine gelbe Zwiebel, halbiert und in Ringe geschnitten

AUSSERDEM

2 TL Zitronensaft

2 Zitronenspalten

KÜCHENHELFER

1 Küchenmesser, 1 Durchschlag,
1 Sparschäler, 1 Zitronenpresse,
1 großer Topf, 1 Pfanne, 1 Pürierstab

Das Olivenöl bei mittlerer Temperatur in einem Topf erhitzen. Zwiebel zugeben und ca. 5 Minuten anschwitzen, bis sie weich ist. Mit Kreuzkümmel, Koriander und Chiliflocken würzen und ca. 30 Sekunden unter ständigem Rühren braten, bis die Gewürze ihr Aroma entfalten.

Linsen, Möhre, Tomate, Brühe, Salz und ein wenig schwarzen Pfeffer zugeben. Alles zum Kochen bringen. Die Temperatur reduzieren, den Topf abdecken und alles ca. 40 Minuten köcheln lassen, bis die Linsen und die Möhre weich sind.

Während die Suppe kocht, die knusprigen Zwiebeln vorbereiten. Dazu das Olivenöl bei mittlerer Temperatur in einer Pfanne erhitzen. Die Zwiebelringe zugeben und unter häufigem Rühren ca. 15 Minuten anschwitzen, bis die Ränder braun und knusprig werden. Auf einen Teller geben.

Nach Ende der Kochzeit die Suppe vom Herd nehmen und 15 Minuten abkühlen lassen. Mit einem Pürierstab fein mixen. Anschließend auf Serviertemperatur erwärmen. Zitronensaft zugeben und gelegentlich umrühren, damit die Suppe nicht anbrennt.

Die fertige Suppe in Schüsseln füllen. Mit den gerösteten Zwiebeln garnieren und mit den Zitronenscheiben servieren.

FÜR 2 PERSONEN

FATTOUSH-SALAT

Diese Weiterentwicklung eines klassischen nahöstlichen Brotsalats besticht durch sonnengereiftes Gemüse: saftige Tomaten, knackige Gurke und eine großzügige Menge Frühlingszwiebeln. Für eine noch gesündere Variante können Sie auch Vollkornweizen-Pitabrot verwenden.

ZUTATEN

1 Pitabrot (∅ 20 cm)

1 reife Tomate, gewürfelt

30 g Frühlingszwiebeln, mitsamt der zarten grünen Spitzen klein geschnitten

1 Stück Gurke (7,5 cm), geschält und in 1 cm große Stücke geschnitten

10 g frische glatte Petersilie, grob gehackt

FÜR DAS DRESSING

1 EL Granatapfelsaft

1½ TL Rotweinessig

1 EL Olivenöl, extra vergine

Salz

Pfeffer, frisch gemahlen

KÜCHENHELFER

1 Küchenmesser, 1 kleine Rührschüssel, 1 Schneebesen

Den Ofen auf 165 °C vorheizen. Das Pitabrot in zwei Hälften teilen und 3–4 Minuten im Ofen knusprig rösten, ohne dass es Farbe bekommt. Beiseitestellen und abkühlen lassen.

Tomate, Frühlingszwiebeln, Gurke und Petersilie in einer Servierschüssel mischen.

Für das Dressing Granatapfelsaft, Essig und Öl in einer kleinen Schüssel verrühren und je nach Geschmack mit Salz und Pfeffer würzen.

Kurz vor dem Servieren das Pitabrot in 2,5 cm große Stücke brechen. Das Dressing über die Tomatenmischung geben und gleichmäßig verteilen. Die Brotstücke obenauf legen und sofort servieren.

FÜR 2 PERSONEN

SPINATSALAT MIT
POCHIERTEN EIERN UND PANCETTA

Spinat und Schinken sind ein beliebtes Duo. In diesem Gericht sorgen pikanter Pancetta und buttrig pochiertes Ei für eine unwiderstehliche Variante dieses Klassikers. Das Gericht profitiert gleich zweimal vom Pancetta: Die knusprigen Würfel werden über den Salat gestreut und das Bratfett ist Teil der Vinaigrette.

ZUTATEN

2 TL Olivenöl, extra vergine, je nach Belieben etwas extra

60 g Panchetta, in 5 mm große Würfel geschnitten

3 EL Rotweinessig

1 TL frische Thymian-

blättchen

1 Prise Zucker

1 Schalotte, gehackt

Pfeffer, frisch gemahlen

Grobes Meersalz

2 große Eier

155 g junger Spinat

KÜCHENHELFER

1 Küchenmesser, 1 kleine Pfanne, 1 feines Sieb, 1 kleine, hitzebeständige Schüssel, verschiedene Rührschüsseln, 1 Kochlöffel, 1 Schneebesen, 1 große Pfanne, 2 kleine Auflaufförmchen, 1 Schaumlöffel

Das Olivenöl bei mittlerer Temperatur in der kleinen Pfanne erwärmen. Den Pancetta zufügen und unter gelegentlichem Wenden in ca. 4 Minuten knusprig braten. In einem Sieb abtropfen lassen, dabei das Bratfett in einer Schüssel auffangen. Alles beiseitestellen. Die Pfanne nicht abspülen.

Essig, Thymian und Zucker in einer kleinen Schüssel gut verrühren

Die Pfanne wieder bei mittlerer Temperatur erhitzen. Die Schalotte ca. 1 Minute anschwitzen. Dann die Essigmischung zufügen und für 1 Minute köcheln lassen. Dabei gut umrühren. Von der Herdplatte nehmen. Ein wenig Pfeffer darübermahlen, 1½ Esslöffel des Bratfetts in die Pfanne geben und nach Belieben etwas Öl zufügen. Gut verrühren und die Vinaigrette je nach Geschmack nachwürzen. Abdecken und beiseitestellen.

Die große Pfanne bis zu einer Höhe von 7,5 cm mit Wasser füllen, eine Prise Salz zugeben und bei mittlerer Temperatur zum Köcheln bringen. Jedes Ei zunächst in ein separates Auflaufförmchen schlagen und dann vorsichtig ins Wasser gleiten lassen. Die Temperatur reduzieren, sodass das Wasser gerade köchelt. Die Eier 3–5 Minuten pochieren. Dann mit dem Schaumlöffel aus dem Wasser heben und auf einen mit Küchenpapier ausgelegten Teller geben.

Den Spinat in eine Schüssel füllen und mit einer Prise Salz und etwas Pfeffer würzen. Die warme Vinaigrette nochmals umrühren und die Hälfte über den Spinat geben. Gut vermengen, abschmecken und bei Bedarf nachwürzen. Den Spinat gleichmäßig auf zwei Teller verteilen und auf jedes Spinatnest ein pochiertes Ei geben. Jeden Teller mit der Hälfte der übrigen Vinaigrette beträufeln und mit etwas Salz und Pfeffer abschmecken. Den gebratenen Panchetta über den Salat geben und servieren.

FÜR 2 PERSONEN

KLASSISCHER CAESAR SALAD

Von Caesar Salad können wir einfach nicht genug bekommen. Wir mögen ihn kräftig und knackig, daher verwenden wir die inneren Blätter von Romana-Salatherzen anstelle der weicheren Außenblätter sowie sauren Zitronensaft, rohen Knoblauch und Sardellenfilets (keine Paste).

ZUTATEN

FÜR DIE CROÛTONS

2 EL Olivenöl, extra vergine

1 große Knoblauchzehe, zerdrückt und fein gehackt

¼ Laib Weißbrot vom Vortag, in mundgerechte Stücke geschnitten

Grobes Meersalz

FÜR DAS DRESSING

1 großes Ei

2 EL Zitronensaft, frisch gepresst

½ TL Worcestersauce

1 TL Rotweinessig

1½ EL Sardellenfilets, gehackt

1 kleine Knoblauchzehe, gehackt

125 ml Olivenöl, extra vergine

60 g Parmesan, frisch gerieben

Salz

Pfeffer, frisch gemahlen

AUSSERDEM

1 Romana-Salatherz (250 g), die Blätter in mundgerechte Stücke geschnitten

60 g Parmesan zum Hobeln

KÜCHENHELFER

1 Küchenmesser, 1 Zitronenpresse, 1 Reibe, verschiedene Rührschüsseln, 1 Schneebesen, 1 tiefes Backblech, 1 Sparschäler

Für die Croûtons den Ofen auf 180 °C vorheizen. Öl und Knoblauch in einer kleinen Schüssel verrühren. In einer mittleren Schüssel die Brotwürfel mit der Knoblauch-Öl-Mischung und einer Prise Salz vermischen. Die Brotwürfel nebeneinander auf einem Backblech ausbreiten. Das Blech in den Ofen geben und unter gelegentlichem Wenden 9–12 Minuten rösten, bis die Würfel goldbraun sind. Vor dem Weiterarbeiten komplett auskühlen lassen.

Für das Dressing das Ei in eine kleine Schüssel schlagen. Zitronensaft, Worcestersauce, Essig, und Sardellenfilets zugeben und mit dem Schneebesen gut verrühren. Nach und nach das Olivenöl zugeben. Den geriebenen Parmesan einrühren und mit Salz und Pfeffer abschmecken.

Salat, Croûtons und die Hälfte des Dressings in eine Schüssel geben und gut miteinander vermengen. Je nach Geschmack noch ein wenig mehr Dressing zugeben. Es kann gut sein, dass Sie nicht das gesamte Dressing benötigen. Den Salat auf zwei Teller verteilen. Mit dem Sparschäler dünne Parmesankringel abhobeln, über den Salat geben und servieren.

FÜR 2 PERSONEN

FARROSALAT

Farro-Weizen (auch als Emmer bekannt) wird hauptsächlich in der Toskana und in Umbrien angebaut und ist eine alte Getreidesorte mit einem nussigen Geschmack. Die hellbraunen Körner machen sich in diesem Salat aus zerbröseltem Käse, kleinen, saftigen Tomaten und einer Zitronenvinaigrette besonders gut.

ZUTATEN

90 g Farro-Weizen (Farro perlato)	90 g Kirsch- oder Mini-Romatomaten, halbiert
Salz	30 g Ricotta, zerbröselt
1 EL Olivenöl, extra vergine	1 Frühlingszwiebel, mitsamt der zarten grünen Spitze in dünne Ringe geschnitten
1½ TL Zitronensaft, frisch gepresst	
Pfeffer, frisch gemahlen	2 EL frisches Basilikum, klein gehackt

KÜCHENHELFER

1 Küchenmesser, 1 Zitronenpresse,
1 feines Sieb, 1 Topf, 1 Schneebesen

Farro in einem feinen Sieb unter kaltem Wasser abspülen und in einen Topf geben. 250 ml Wasser zufügen und bei mittlerer Temperatur zum Kochen bringen. ½ Teelöffel Salz zugeben und die Temperatur reduzieren, sodass das Getreide nur leicht köchelt. Den Topf teilweise bedecken und ca. 20 Minuten köcheln lassen, bis die Körner zart, aber immer noch bissfest sind. Von der Herdplatte nehmen und das Kochwasser durch ein Sieb abgießen.

In einer Servierschüssel Olivenöl und Zitronensaft verrühren, bis beides gut vermischt ist. Je nach Belieben mit Salz und Pfeffer würzen. Den Farro zufügen und alles gut miteinander vermengen. Vorsichtig Tomaten, Käse, Frühlingszwiebeln und Basilikum unterrühren, bis alle Zutaten miteinander vermischt sind. Zimmerwarm servieren.

FÜR 2 PERSONEN

SPAGHETTI ALLA PUTTANESCA

Pastasauce aus im Hochsommer gepflückten Strauchtomaten ist unvergleichlich lecker. Jedes Jahr kaufen wir eine ganze Kiste regional angebauter Tomaten und kochen sie ein. So können wir ihre sonnige Süße den ganzen Winter über genießen. Dieses einfache Gericht ist ein schnell gekochtes Mittagessen.

ZUTATEN

750 g reife Tomaten

2 EL rote oder gelbe Zwiebeln, gehackt

15 g frische Basilikumblätter, grob gezupft

¼ TL Salz

45 g Gaeta- oder andere mediterrane schwarze Oliven, entkernt und gehackt

2 EL Kapern, gewaschen und gehackt

2 EL frische glatte Petersilie, klein gehackt, plus Petersilie zum Garnieren

250 g Spaghetti

1½ EL Butter oder Olivenöl, extra vergine

Frischer Parmesan oder Grana Padano, gerieben zum Servieren

KÜCHENHELFER

1 Küchenmesser, 1 Reibe, 1 Gemüsemesser, 1 Topf, 1 Rührschüssel, 1 großer Topf, 1 Durchschlag

Die Tomaten halbieren, entkernen und grob zerhacken. Zusammen mit den Zwiebeln sowie der Hälfte des Basilikums und dem Salz in einem Topf bei mittlerer Temperatur zum Kochen bringen. Dann die Hitze reduzieren. 20 Minuten bei offenem Topf köcheln lassen und regelmäßig umrühren, damit die Tomaten nicht anbrennen. Oliven, Kapern und Petersilie zufügen und ca. 1 Minute weiterköcheln lassen. Jetzt sollte die Sauce dickflüssig sein. Ist sie noch wässrig, weitere 5 Minuten köcheln lassen, anschließend abschmecken. Den Topf von der Herdplatte nehmen und die Sauce leicht abkühlen lassen. Nach Belieben würzen.

Einen großen Topf Salzwasser zum Kochen bringen. Die Spaghetti in den Topf geben und nach Packungsanleitung kochen, bis sie al dente sind. Gelegentlich umrühren.

Kurz bevor die Nudeln fertig sind, die Sauce nochmals erhitzen und dann von der Herdplatte nehmen. Das übrige Basilikum und die Butter oder das Olivenöl in die Sauce einrühren. Das Spaghettiwasser abgießen und die Nudeln in eine flache Schüssel geben. Die Sauce zufügen und mit den Nudeln vermischen. Mit Petersilie garnieren und servieren, dazu den Parmesan reichen.

FÜR 2 PERSONEN

GEDÜNSTETE MUSCHELN MIT BELGISCHEM BIER, SCHALOTTEN UND KRÄUTERN

Es gibt viele Sorten belgischen Biers auf dem Markt. Für dieses Rezept verwenden wir gerne eine milde, nicht zu bittere Sorte. Sparen Sie nicht am Brot, das Sie zu den Muscheln reichen. Sie werden jeden Tropfen dieser köstlichen Sauce aufsaugen wollen.

ZUTATEN

2 EL Butter	1½ TL Dijon-Senf
30 g Schalotten, fein gehackt	2 EL frische glatte Petersilie, gehackt
1 Knoblauchzehe, gehackt	Salz
½ TL frischer Thymian, gehackt	Pfeffer, frisch gemahlen
180 ml belgisches Bier	Knuspriges Brot zum Servieren
500 g Muscheln, geputzt und von den Bärten befreit	

KÜCHENHELFER

1 Küchenmesser, 1 breiter Topf,
1 Schaumlöffel, 1 Schneebesen

GETRÄNKEEMPFEHLUNG

Fast jeder leichte, nicht in Eichenfässern gereifte Weißwein passt zu diesem Gericht, beispielsweise ein Sauvignon Blanc, Chardonnay, Pinot Grigio oder Riesling. Zu dem Bier in der Kochflüssigkeit passt auch ein gutes deutsches Pils oder Lagerbier, genau wie ein kühler, erfrischender Martini (Seite 68).

Die Butter in einem breiten Topf bei mittlerer Temperatur zerlassen. Die Schalotten zugeben und ca. 4 Minuten anschwitzen, bis sie weich sind. Knoblauch und Thymian zufügen und für 1 weitere Minute mitbraten.

Das Bier angießen und zum Kochen bringen. Die Muscheln zufügen, den Topf abdecken und unter gelegentlichem Umrühren 6–8 Minuten dünsten, bis sich alle Muscheln geöffnet haben. Dann mit einem Schaumlöffel aus dem Topf heben und in eine vorgewärmte Servierschüssel geben. Alle Muscheln entsorgen, die sich nach 8 Minuten Kochzeit nicht geöffnet haben.

Den Topf von der Herdplatte nehmen und Senf und Petersilie in den Kochsud einrühren. Mit Salz und Pfeffer abschmecken. Die Sauce über die Muscheln geben und zusammen mit dem Brot sofort servieren.

FÜR 2 PERSONEN

PENNE MIT WÜRSTCHEN UND RUCOLA

Ein Teller dieses vielseitigen Gerichts enthält beinahe alles, was man für eine leckere Mahlzeit braucht. Sie müssen nur noch etwas knuspriges Brot dazulegen und eine Flasche Wein entkorken – schon ist das Menü fertig. Anstelle von Rucola können Sie auch andere Blattgemüse oder Kräuter verwenden.

ZUTATEN

75 g festkochende Kartoffeln, geschält und in kleine Würfel geschnitten

Salz

250 g Penne oder andere kleine Nudelsorten

1 EL Olivenöl, extra vergine

½ kleine gelbe Zwiebel, fein gewürfelt

1 milde oder würzige italienische Wurst, von der Pelle befreit

1 kleine Knoblauchzehe, gehackt

125 ml Tomaten-Basilikum-Sauce (Seite 250) oder gekaufte Tomatensauce

1 Prise Chiliflocken

1 kleine Handvoll Rucola

Frisch geriebener Parmesan zum Servieren

KÜCHENHELFER

1 Sparschäler, 1 Küchenmesser, 1 Reibe, 2 Töpfe, 1 Durchschlag, 1 Pfanne

GETRÄNKEEMPFEHLUNG

Es ist keine Überraschung, dass italienischer Wein und italienisches Essen von Natur aus gut zusammenpassen – schließlich sind sie gemeinsam groß geworden. Dennoch eine kleine Empfehlung: Dieses Gericht ist wie gemacht für Italiens klassische Sangiovese-basierte Weine wie Chianti, Rosso di Montalcino und Morellino di Scansano, die das Gericht mit fruchtigem Aroma, Säure und Erdigkeit hervorragend ergänzen.

Wasser in einem kleinen Topf zum Kochen bringen. Kartoffelwürfel und eine Prise Salz zugeben, die Temperatur etwas reduzieren und ca. 5 Minuten köcheln lassen, bis die Kartoffeln gerade gar sind. Das Wasser abgießen und die Kartoffeln beiseitestellen.

In der Zwischenzeit einen großen Topf Salzwasser zum Kochen bringen. Die Nudeln zugeben und unter gelegentlichem Rühren nach Packungsanleitung kochen, bis sie al dente sind.

Während die Nudeln kochen, das Olivenöl bei mittlerer Temperatur in einer Pfanne erwärmen. Die Zwiebel zufügen und ca. 5–7 Minuten anschwitzen, bis sie goldbraun sind. Die Wurst zugeben und mit einem Kochlöffel zerkleinern. Ca. 3 Minuten braten, bis das Innere der Wurst nicht mehr rosa ist. Knoblauch, Tomatensauce, Chiliflocken und die Kartoffeln zugeben. Nach Belieben abschmecken und nachwürzen.

Vor dem Abgießen der Penne ein paar Esslöffel des Nudelwassers abnehmen, den Rest weggießen. Die Nudeln und das zurückgehaltene Nudelwasser zur Sauce zugeben und alles gut miteinander vermengen. Je nach Geschmack würzen und mit Rucola betreuen.

Die Pasta auf zwei Teller oder Schüsseln verteilen und mit dem Parmesan servieren.

FÜR 2 PERSONEN

ZITI MIT RUCOLAPESTO UND HÜHNCHEN

Dies ist die neue Variante eines alten Lieblings-
essens. Anstelle von Basilikum verwenden wir
Rucola für unser würziges Pesto, das in diesem
Rezept mit Pasta, Hühnchen und ein wenig
Ricotta kombiniert wird. Die Reste können Sie
später gut als Sauce für Fisch oder als herr-
lichen Aufstrich verwenden.

ZUTATEN

FÜR DAS RUCOLAPESTO

1 Knoblauchzehe

2 EL Pinienkerne

75 g junger Rucola

30 g Parmesan,
frisch gerieben

125 ml Olivenöl,
extra vergine

Salz

Pfeffer, frisch gemahlen

AUSSERDEM

250 g Ziti-Nudeln
(dicke Makkaroni)

1 EL Butter

185 g Hähnchen,
gekocht und in kleine
Stücke gezupft

125 g reife Kirsch-
tomaten, halbiert

60 g Ricotta, zerbröselt

2 EL Parmesan, gerieben

KÜCHENHELFER

1 Reibe, 1 Küchenmesser, 1 großer Topf,
1 Standmixer, 1 Pfanne,
1 luftdicht verschließbarer Behälter

Einen großen Topf Salzwasser zum Kochen
bringen.

In der Zwischenzeit das Pesto herstellen. Dafür
Knoblauch, Pinienkerne, Rucola und Parmesan
in den Standmixer geben und fein pürieren.
Währenddessen das Olivenöl langsam in einem
gleichmäßigen Strahl zugießen. Anschließend
das Pesto mit Salz und Pfeffer abschmecken.
60 g abmessen und für die Nudeln beiseitestellen. Das restliche Pesto für den späteren
Gebrauch in einen luftdicht verschließbaren
Behälter füllen. Im Kühlschrank ist das Pesto
so bis zu 1 Woche haltbar.

Die Nudeln ins kochende Wasser geben und
unter gelegentlichem Umrühren nach
Packungsanleitung kochen, bis sie al dente
sind.

Während die Nudeln kochen, die Butter in einer
Pfanne bei mittlerer Hitze zerlassen. Das bereits gekochte Hühnchenfleisch zugeben und
unter gelegentlichem Wenden 3–4 Minuten braten, bis es vollständig erwärmt ist.

Vor dem Abgießen der Pasta 60 ml des Nudelwassers abnehmen, den Rest weggießen und die
Nudeln zurück in den Topf geben. Hühnchen,
Pesto, Tomaten, Ricotta und Parmesan zugeben
und alles gut miteinander vermengen. Nach Belieben das Nudelwasser zugeben. Mit Salz und
Pfeffer abschmecken.

Die Pasta auf zwei Teller oder Schüsseln verteilen und servieren.

FÜR 2 PERSONEN

Echte Paargeschichten

WAS WAR EUER ERSTES GEMEIN-SAMES ESSEN?

Mindy & Dan

Gegrillter Fisch. Wir sind das erste Mal zusammen zu Isaacson and Sons gegangen und haben einen kleinen Fisch gekauft, den wir beide noch nie zuvor gegessen hatten. Aber er sah interessant aus. Dan nahm den Fisch aus – zwei Stunden hat es gedauert – und grillte ihn. Es schmeckte schrecklich. Wirklich, wirklich schrecklich. Anschließend sind wir in ein Restaurant gegangen.

Lisa & Emmett

Emmett hat gekocht und ich habe die Blumen besorgt. Er machte einen Salat aus gerösteten Süßkartoffeln mit Brunnenkresse und Pekannüssen, dann gab es Hähnchenbrust mit Chilisauce und zum Dessert pochierte Birne in Schokoladensauce. Ist das lange her!

Molly & Brandon

Wir haben bei unserem ersten Date gemeinsam gekocht. Wir würfelten einen Salat zusammen aus allem, was wir im Pike Place Market gekauft hatten, und aßen ihn mit etwas Käse und Baguette. Wir fingen den Abend mit Gin Tonic an, und irgendwann trank Brandon dunkles Bier. Danach verschwimmen die Details.

Saukok & Jamie

Wir trafen uns im Urlaub in Spanien. Ich lebte damals in New York. Nach unserer Rückkehr besuchte ich Jamie in San Francisco. Er haute mich mit selbst gekochtem Hamachi als Vorspeise, Krebsfleischküchlein und selbst gemachtem Aprikoseneis völlig aus den Socken.

Julie & Matt

Nach unserer Hochzeit hatte Julie den längeren Arbeitsweg. Da ich vor ihr zu Hause war, bereitete ich meistens etwas Schnelles zu wie einen würzigen Truthahnburger mit Romanasalat, Möhren und frischer Paprika. Bevor wir ein Sofa hatten, haben wir zum Essen auf dem Fußboden gehockt.

Andrea & Mac

Ein Krabbencocktail auf Emerald Isle.

GEBRATENE GARNELEN MIT SPARGEL, ZITRONENGRAS UND MINZE

Dieses einfache Pfannengericht steht voll und ganz im Zeichen von frühlingshaftem Spargel, aromatischem Zitronengras, erfrischender Minze und süß-salzigen Garnelen. Diese eignen sich perfekt zum Braten, da sie schnell mariniert und gegart sind. Sie können aber genauso gut Jakobsmuscheln verwenden.

ZUTATEN

250 g Garnelen, geschält und entdarmt

1 Knoblauchzehe, gehackt

2 TL frischer Ingwer, geschält und gehackt

4½ TL Rapsöl

1 Prise Salz

2½ EL Sojasauce

2 EL Reisessig

2 EL Weißwein

1 EL Honig

1 TL Maisstärke

1 TL asiatisches Sesamöl

3 EL Schalotten, gehackt

1 Stück Zitronengras (5 cm), die äußeren Blätter entfernt, dünn geschnitten

½ rote Paprika, entkernt und in 2,5 cm breite Streifen geschnitten

½ Bund Spargel, die holzigen Enden entfernt, in 2,5 cm große Stücke geschnitten

Gekochter Jasminreis zum Servieren

1 EL frische Minze, gehackt

KÜCHENHELFER

1 Gemüsemesser, 1 Küchenmesser, 1 Topf oder 1 Reiskocher, verschiedene Rührschüsseln, 1 Wok oder 1 tiefe Pfanne

Garnelen, Knoblauch, Ingwer, 1½ Teelöffel Rapsöl sowie das Salz in einer Schüssel vermengen. 30 Minuten marinieren lassen.

In einer kleinen Schüssel Sojasauce, Essig, Wein, Honig, Stärke und Sesamöl verrühren, bis sich die Maisstärke aufgelöst hat. Dann beiseitestellen.

1½ Teelöffel Rapsöl in einem Wok oder einer tiefen Pfanne bei hoher Temperatur erhitzen. Die Garnelen samt Marinade zugeben und ca. 2 Minuten braten, bis das Fleisch fast gar ist. In eine Schüssel geben und warm halten.

Das restliche Rapsöl in den Wok geben und erhitzen. Schalotten und Zitronengras zugeben und ca. 1 Minute anschwitzen, bis sich das volle Aroma entfaltet. Paprika und Spargel zufügen und ca. 2 Minuten bissfest braten. Die Garnelen zurück in den Wok geben, die Sojasaucenmischung zufügen und ca. 2 Minuten braten, bis alles leicht köchelt. Die Sauce sollte nun sämig sein.

Den Reis auf 2 Schüsseln verteilen, die Garnelen zugeben, mit Minze garnieren und servieren.

FÜR 2 PERSONEN

SCHOLLE MIT KAPERN UND ZITRONENSAUCE

Scholle hat einen süßen und milden Geschmack, der sehr gut zu herber Zitrone, salzigen Kapern und cremiger Butter passt. Wählen Sie den frischesten Fisch aus, den Sie finden können. Falls Sie keine Scholle bekommen, ersetzen Sie sie durch anderen feinen, weißfleischigen Fisch.

ZUTATEN

2 Zitronen	Salz
3 EL Olivenöl, extra vergine	Pfeffer, frisch gemahlen
1 EL Kapern, gewaschen und trocken getupft	60 g Butter
75 g Mehl	½ Schalotte, in dünne Scheiben geschnitten
2 EL Maisstärke	1 EL frischer Schnittlauch, gehackt
¼ TL Cayennepfeffer	
2 Schollenfilets à 185 g	

KÜCHENHELFER

1 Küchenmesser, 1 kleine Pfanne, 1 Schaumlöffel, 1 Pfanne, 1 breiter Pfannenwender

GETRÄNKEEMPFEHLUNG

Dieses einfache Gericht verlangt nach einem Weißwein mit demselben bescheidenen Charme. Ein zitroniger Petit Chablis oder Muscadet aus Frankreich, ein salziger Vermentino aus Sizilien oder aber ein frischer, aromatischer Albariño aus Spanien passen alle zur Scholle.

Den Ofen auf 95 °C vorheizen. Die Zitronen mit einem Küchenmesser schälen und filetieren.

2 Esslöffel Olivenöl in einer kleinen Pfanne bei mittlerer Temperatur erwärmen. Sobald das Öl heiß ist, die Kapern in der Pfanne verteilen. Wenn sie warm werden, öffnen sie sich, färben sich heller und beginnen, auf der Oberfläche des Öls zu schwimmen. Nach 2 Minuten mit einem Schaumlöffel aus der Pfanne nehmen und auf ein Küchenpapier legen. Die Kapern beiseitestellen und die Pfanne abspülen.

Auf einem flachen Teller Mehl, Stärke und Cayennepfeffer vermengen. Die Fischfilets auf beiden Seiten salzen und pfeffern und nacheinander in der Mehlmischung wenden. Dabei überschüssiges Mehl abschütteln. Die bemehlten Fischfilets auf einen Teller geben.

Das restliche Olivenöl in einer Pfanne bei mittlerer Temperatur erhitzen. Die Schollenfilets in die Pfanne geben und 3–4 Minuten braten, bis die eine Seite goldbraun ist. Jedes Filet mit einem breiten Pfannenwender vorsichtig umdrehen und auch die andere Seite 3–4 Minuten goldbraun braten. Auf einen Teller geben und im Ofen warm stellen.

Die kleine Pfanne erneut bei mittlerer Temperatur erwärmen und die Butter darin zerlassen. Dann die Schalotte mit einer Prise Salz zugeben und anschwitzen, bis die Butter schäumt. Die Temperatur ein wenig reduzieren und 2–3 Minuten weiterdünsten, bis die Butter braun wird. Dann die Zitronenfilets zugeben und kurz in der Pfanne schwenken. Die Pfanne von der Herdplatte nehmen und die Sauce sofort auf den beiden Fischfilets verteilen. Mit Schnittlauch und gerösteten Kapern garnieren und servieren.

FÜR 2 PERSONEN

GEGRILLTER LACHS MIT MISOGLASUR

Schichten Sie die Grillkohlen auf, sodass sie schön heiß werden. Der Lachs schmeckt am besten, wenn er außen schon fest und innen noch hell und leicht glasig ist. Wenn die Filets Gefahr laufen, zu schnell durchgegart zu sein, legen Sie sie auf einen kühleren Teil des Grillrosts.

ZUTATEN

FÜR DIE MISOGLASUR

3 EL weiße Misopaste

2 EL Mirin oder Sake

1½ EL Agavensirup oder Honig

1½ TL brauner Zucker

1½ TL Sojasauce

Salz

Pfeffer, frisch gemahlen

AUSSERDEM

Rapsöl zum Einpinseln der Frühlingszwiebeln und des Grillrosts

6 Frühlingszwiebeln, das Grün zurechtgeschnitten

2 Wildlachsfilets mit Haut à 125 g, 2,5 cm dick, ohne Gräten

KÜCHENHELFER

1 Küchenmesser, 1 kleiner Topf, 1 Schneebesen, 1 Kohle- oder Gasgrill oder 1 Grillpfanne, 1 Backpinsel, 1 Pfannenwender

Für die Glasur Misopaste, Mirin, Agavensiup, braunen Zucker und Sojasauce in einem kleinen Topf vermischen und bei mittlerer Temperatur erhitzen. Ca. 3–4 Minuten einkochen, bis die Sauce leicht reduziert und dickflüssig genug ist, um sie mit der Rückseite eines Löffels verstreichen zu können. Mit Salz und Pfeffer würzen und beiseitestellen.

Den Kohle- oder Gasgrill auf mittlere Hitze vorheizen. Den Grillrost einölen. Alternativ eine Grillpfanne bei mittlerer Temperatur auf dem Herd erhitzen.

Die Frühlingszwiebeln mit etwas Rapsöl einpinseln. Die Lachsfilets von beiden Seiten mit der Misoglasur bepinseln. Den Fisch mit der Hautseite nach unten auf den heißesten Teil des Grillrosts oder in die Pfanne legen. Zwischendurch einmal wenden und insgesamt 4–6 Minuten grillen, bis Rostabdrücke sichtbar werden. Die Außenseite des Fischs sollte etwas karamellisieren, innen sollte er noch leicht glasig und zartrosa sein. Während der letzten Minuten die Frühlingszwiebeln direkt über dem Feuer grillen oder in der Pfanne scharf anbraten. Dabei regelmäßig wenden, bis sie gar sind.

Den Lachs auf eine Servierplatte oder einzelne Teller geben, die Frühlingszwiebeln darauf platzieren und servieren.

FÜR 2 PERSONEN

HÄHNCHENSCHNITZEL MIT OLIVEN-ZITRONEN-RELISH

In diesem vom Mittelmeerraum inspirierten Gericht treffen die großartigen Aromen des rustikalen, vollmundigen Olivenrelishs auf knusprig gebratene Hähnchenbrust. Übrig gebliebenes Relish kann im Kühlschrank 1 Woche aufbewahrt werden. Reichen Sie dazu einen Salat aus Tomaten und grünen Bohnen.

ZUTATEN

FÜR DAS RELISH

1 Bio-Zitrone

1 kleine Knoblauchzehe

155 g entsteinte Oliven

1½ EL Kapern

1½ EL frische glatte Petersilie, gehackt

½ TL Sardellenpaste

1 Prise Chiliflocken

60 ml Olivenöl, extra vergine

AUSSERDEM

2 Hähnchenbrüste

à 185 g, ohne Knochen und Haut

45 g Mehl

¼ TL Salz

¼ TL Pfeffer, frisch gemahlen

1 großes Ei

2½ EL Olivenöl, extra vergine

30 g Panko-Paniermehl

½ TL Oregano, getrocknet

½ TL Basilikum, getrocknet

KÜCHENHELFER

1 Küchenmesser, 1 Reibe, 1 Zitronenpresse, 1 Standmixer, 1 Fleischklopfer, 1 kleine Pfanne, verschiedene flache Teller, 1 große Pfanne, 1 Pfannenwender

Für das Relish die Schale einer Zitronenhälfte abreiben und 1 Esslöffel Zitronensaft auspressen. Den Knoblauch im Standmixer zerkleinern. Dann Oliven, Kapern, Petersilie, Sardellenpaste, Chiliflocken sowie Zitronenabrieb und -saft zugeben. Alles miteinander mixen, bis die Oliven grob zerkleinert sind. Dann langsam in einem gleichmäßigen Strahl das Olivenöl angießen, währenddessen weitermixen, bis alles fein püriert ist. In eine Schüssel geben, abdecken und bis zum Servieren stehen lassen.

Mit einem Fleischklopfer jede Hähnchenbrust flach klopfen, bis sie nur noch ca. 1 cm dick ist.

Auf einem flachen Teller Mehl, Salz und Pfeffer mischen. Auf einem anderen Teller das Ei und 1½ Teelöffel Olivenöl vermengen. Auf einem dritten Teller Paniermehl, Oregano und Basilikum vermischen. Die Hähnchenbrüste nacheinander im Mehl, im Ei und schließlich in der Paniermehlmischung wenden. Dann auf einen sauberen Teller geben und 5 Minuten ziehen lassen.

In einer großen Pfanne das restliche Olivenöl bei mittlerer Temperatur erhitzen, bis es heiß ist, aber noch nicht brutzelt. Die Hähnchenbrüste in die Pfanne legen. Von beiden Seiten 3–4 Minuten braten, bis sie goldbraun sind. Anschließend auf einem Teller mit Küchenpapier nicht länger als 30 Sekunden abtropfen lassen.

Die Schnitzel mit je einem Löffel Relish anrichten und servieren. Das übrige Relish mit auf den Tisch stellen.

FÜR 2 PERSONEN

GEGRILLTE HÄHNCHENBRUST MIT SAKE, INGWER UND GERÖSTETEM SESAM

Salzig-nussige Misopaste hat einen intensiven, kräftigen und fast schon fleischigen Geschmack. In diesem Rezept tut sie sich mit Sake zusammen. Das ergibt eine pikant-süße, von der japanischen Küche inspirierte Marinade für das milde Hähnchenfleisch. Als Beilage passt dazu in Sesamöl angeschwitzter Spinat.

ZUTATEN

125 g weiße Misopaste

3 EL Mirin

3 EL Sake

1 EL Zucker

1 Stück Ingwer (2,5 cm), geschält und gerieben

2 Frühlingszwiebeln, mitsamt der zarten

grünen Spitzen fein gehackt

2 Hähnchenbrüste à 185 g, ohne Knochen und Haut

2 EL Sesamsamen

Rapsöl zum Einpinseln des Grillrosts

KÜCHENHELFER

1 Gemüsemesser, 1 Reibe, 1 Küchenmesser, 1 Rührschüssel, 1 flache Auflaufform, 1 Fleischklopfer, 1 kleine Pfanne, 1 Kohle- oder Gasgrill oder 1 Grillpfanne, 1 Küchenzange

Misopaste, Mirin, Sake, Zucker, Ingwer, Frühlingszwiebeln und 2 Esslöffel Wasser in einer Schüssel verrühren. In die Auflaufform geben.

Mit einem Fleischklopfer jede Hähnchenbrust flach klopfen, bis sie nur noch ca. 5 mm dick ist. Die Hähnchenbrüste in die Misomischung legen und wenden, um die Marinade gleichmäßig zu verteilen. Das Fleisch in der Auflaufform abdecken und für 2–6 Stunden in den Kühlschrank stellen.

Während die Hähnchenbrüste ziehen, die Sesamsamen in einer kleinen Pfanne bei mittlerer Temperatur 2–5 Minuten rösten. Die Pfanne oft schwenken, bis der Sesam duftet und sich braun färbt. Zum Abkühlen auf einen Teller geben.

Den Kohle- oder Gasgrill auf mittlere Temperatur vorheizen. Den Grillrost einölen. Alternativ eine Grillpfanne bei mittlerer Temperatur auf dem Herd erhitzen.

Die Hähnchenbrusthälften aus der Marinade nehmen und vorsichtig abtropfen lassen. Auf die heißeste Stelle des Grillrosts oder in die Grillpfanne legen, abdecken und ca. 8 Minuten grillen. Dabei das Fleisch 2–3 Mal mit der Zange wenden, bis es gar ist.

Die Hähnchenbrüste auf Teller geben, mit den gerösteten Sesamsamen bestreuen und servieren.

FÜR 2 PERSONEN

HÄHNCHENSCHENKEL MIT KNOBLAUCH

Wir kaufen Geflügel aus regionaler Freilandhaltung. Es schmeckt einfach besser und wurde
unter würdigeren Bedingungen gezüchtet.
In diesem Rezept verwenden wir es für ein
Gericht, das wenig Aufwand erfordert. Nach
kurzem Anbraten erledigt der Ofen den Rest.

ZUTATEN

500 g Hähnchen-
schenkel mit Knochen
und Haut, von
überschüssiger Haut
und Fett befreit

Salz

Pfeffer, frisch gemahlen

2 TL Olivenöl,
extra vergine

2 EL gelbe Zwiebeln,
fein gehackt

5 Knoblauchzehen,
geschält

3 frische Thymianzweige

1 Lorbeerblatt

2 EL trockener Weißwein

1 TL Weißweinessig

KÜCHENHELFER

1 Küchenmesser, 1 ofenfeste Pfanne mit Deckel,
1 Küchenzange, 1 Kochlöffel

Den Ofen auf 165 °C vorheizen.

Die Hähnchenschenkel trocken tupfen und
großzügig mit Salz und Pfeffer würzen. Das
Olivenöl in der Pfanne bei hoher Temperatur
erhitzen. Wenn das Öl heiß ist, das Hähnchen
mit der Haut nach unten in die Pfanne geben
und ca. 4 Minuten scharf anbraten, bis es goldbraun ist. Nicht wenden. Mit der Zange auf ein
Küchenpapier geben.

Den Großteil des Fetts aus der Pfanne schütten
und diese dann bei mittlerer Temperatur wieder erhitzen. Zwiebeln, Knoblauch, Thymian
und das Lorbeerblatt zugeben und ca. 4 Minuten anbraten, bis das Gemüse leicht braun wird.
Wein und Essig zufügen und mit einem Kochlöffel gut umrühren. Dabei braune Bratreste
vom Boden der Pfanne lösen. Die Hähnchenschenkel mit der Haut nach oben zurück in die
Pfanne geben, abdecken und in den Ofen schieben. Ca. 40 Minuten backen, bis das Fleisch
schön zart ist.

Die Hähnchenschenkel auf Teller legen.
Bratsud und Knoblauch darübergeben und
servieren.

FÜR 2 PERSONEN

ROTES THAI-CURRY MIT RINDFLEISCH

Dieses Curry kocht weniger als 15 Minuten und ist so das ideale Gericht für den Feierabend. Die gekaufte Currypaste sorgt für eine sofortige Geschmacksexplosion und mageres Rindersteak braucht lediglich ein paar Minuten in der köchelnden Sauce. Setzen Sie einen Topf Reis auf, bevor Sie mit dem Curry beginnen.

ZUTATEN

125 ml ungesüßte Kokosmilch

2 EL asiatische Fischsauce

1 TL brauner Zucker

1½ TL Limettensaft, frisch gepresst

2 EL Erdnuss- oder Rapsöl

½ gelbe Zwiebel, in dünne Ringe geschnitten

½ grüne oder rote Paprika, entkernt und

längs in dünne Streifen geschnitten

1½ TL rote Currypaste

250 g Hüft- oder Filetsteak vom Rind, gegen die Faser in mundgerechte Stücke geschnitten

1 EL Erdnüsse, geröstet und gehackt

2 EL Thai-Basilikum

Gedünsteter Reis zum Servieren

KÜCHENHELFER

1 Küchenmesser, 1 Zitronenpresse,
1 Topf oder 1 Reiskocher, kleine Rührschüsseln,
1 Wok oder 1 tiefe Pfanne, 1 Schaumlöffel

Kokosmilch, Fischsauce, braunen Zucker und Limettensaft in einer kleinen Schüssel verrühren, bis sich der Zucker aufgelöst hat.

1 Esslöffel Öl in einem Wok oder einer tiefen Pfanne bei hoher Temperatur erhitzen. Zwiebel und Paprika zugeben und ca. 3 Minuten braten, bis das Gemüse knackig-zart ist. Mit einem Schaumlöffel in eine Schüssel geben.

Das restliche Öl und die Currypaste in den Wok geben und unter Rühren ca. 1 Minute stark anbraten, bis sich die Aromen entfaltet haben. Die Kokossauce einrühren und leicht zum Kochen bringen. 5–7 Minuten köcheln, bis die Sauce andickt. Zwiebeln und Paprika zurück in die Pfanne geben, das Fleisch zufügen und ca. 2 Minuten mitköcheln lassen, bis es gar ist. In eine große Schüssel geben und mit Erdnüssen und Basilikum garnieren. Zusammen mit dem Reis servieren.

FÜR 2 PERSONEN

GESCHMORTE WÜRSTCHEN MIT STÄNGELKOHL

Zuerst braten wir grobe Schweinewürstchen bei mittlerer Hitze an und gönnen ihnen dann ein langes Köcheln in Bier, das sie unglaublich zart macht. Jeder weiß, dass Würstchen gut zu Senf passen. Das bedeutet, dass leicht bitterer Stängelkohl – ein Mitglied der Senffamilie – die perfekte Ergänzung ist.

ZUTATEN

2 rohe milde italienische Schweinewürstchen, Gesamtgewicht ca. 440 g

1 Stange Lauch, mitsamt des zarten Grüns, halbiert und klein geschnitten

1 große rote Paprika, entkernt und längs in Streifen geschnitten

1 Lorbeerblatt

½ TL Salz

¼ TL Pfeffer, frisch gemahlen

250 ml dunkles oder Lagerbier, plus 1 EL extra

1 TL Rotweinessig

2 TL Olivenöl, extra vergine

½ Bund Stängelkohl (185 g), von harten Enden befreit und grob gehackt

1 kleine Knoblauchzehe, fein gehackt

1 Prise Chiliflocken

KÜCHENHELFER

1 Küchenmesser, 1 große Pfanne mit Deckel, 1 Pfanne

GETRÄNKEEMPFEHLUNG

Würstchen schmecken hervorragend zu Wein oder Bier. Zu leichterer Schweinewurst schenken Sie einen Weißwein ein, beispielsweise einen deutschen oder österreichischen Riesling. Zu kräftigerer Wurst passt gut ein fruchtiger Rotwein wie Zinfandel, Chianti oder Syrah. Und die Kombination aus Wurst und Bier ist natürlich perfekt: alles von hellem zu starkem Bier passt.

Die Würstchen bei mittlerer Temperatur in einer großen Pfanne ca. 5 Minuten rundum anbraten, bis sie goldbraun sind. Gelegentlich wenden. Die Temperatur leicht reduzieren. Lauch und Paprika zugeben und ca. 3 Minuten weiterbraten, bis das Gemüse zart ist. Das Lorbeerblatt, Salz und Pfeffer sowie das Bier zufügen, abdecken und aufkochen. Dann die Temperatur noch weiter reduzieren und ca. 20 Minuten köcheln lassen, bis die Würstchen zart und gar sind.

Ca. 10 Minuten bevor die Würstchen fertig sind, das Öl in einer zweiten Pfanne bei mittlerer Temperatur erhitzen. Den Stängelkohl zufügen und 2–3 Minuten anbraten, bis der Kohl sich zu verfärben beginnt. Knoblauch und Chiliflocken zugeben und 1 Minute unter Rühren weiterbraten. Die Hitze stark reduzieren, 1 Esslöffel Bier zufügen und die Pfanne abdecken. Ca. 5 Minuten köcheln, bis der Kohl zart, aber noch immer kräftig grün ist. Er darf nicht verkocht werden.

Die Würstchen auf einzelne Teller geben. Die Biersauce darüberträufeln, den Stängelkohl anrichten und servieren.

FÜR 2 PERSONEN

GEGRILLTE SCHWEINEKOTELETTS MIT KARAMELLISIERTEN PFIRSICHEN UND BASILIKUM

Dies ist ein schönes Gericht für warme Sommerabende. Lendenkoteletts sind ein wenig zäher als Rippenkotelett, aber ihr Geschmack ist intensiver. Wir kombinieren sie mit zwei Sommerklassikern: süßen Pfirsichen und frischem Basilikum. Schwenkt man die Pfirsiche vor dem Grillen in etwas Ahornsirup, karamellisieren sie besser.

ZUTATEN

2 Lendenkoteletts à 280 g, mit Knochen, 2 cm dick und von überschüssigem Fett befreit

1 EL Olivenöl, extra vergine, plus Öl zum Einpinseln der Koteletts

Salz

Pfeffer, frisch gemahlen

1 Pfirsich, entsteint und geviertelt

1 EL Ahornsirup

Rapsöl zum Einpinseln des Grillrosts

1 TL Balsamicoessig guter Qualität

Frische kleine Basilikumblättchen zum Garnieren

KÜCHENHELFER

1 Küchenmesser, 1 Rührschüssel, 1 Kohle- oder Gasgrill oder 1 Grillpfanne, 1 Küchenzange

GETRÄNKEEMPFEHLUNG

Schweinekoteletts passen sowohl zu roten als auch zu weißen Weinen. Basilikum und Pfirsiche deuten in Richtung eines hellen Weißweins von schöner Säure und Fruchtigkeit, beispielsweise ein deutscher Riesling. Ziehen Sie Rotwein vor, wählen Sie einen üppigen und vollen Wein. Ein Pinot Noir aus Kalifornien oder Oregon ist eine gute Wahl.

Die Koteletts 30 Minuten vor der Zubereitung aus dem Kühlschrank nehmen und Zimmertemperatur annehmen lassen.

Jedes Kotelett sehr dünn mit Olivenöl einpinseln und von beiden Seiten großzügig mit Salz und Pfeffer würzen. Pfirsichspalten, Ahornsirup und Olivenöl in eine Schüssel geben. Mit Pfeffer würzen und die Schüssel schwenken, um alles gleichmäßig zu vermischen. Dann beiseitestellen.

Den Kohle- oder Gasgrill auf mittlere Temperatur vorheizen. Den Grillrost einölen. Alternativ eine Grillpfanne bei mittlerer Temperatur auf dem Herd erhitzen.

Die Koteletts auf die heißeste Stelle des Grillrosts oder in die Grillpfanne legen und ca. 2 Minuten grillen, bis Rostabdrücke sichtbar werden und das Fleisch Farbe bekommt. Die Koteletts auf eine kühlere Stelle des Rosts geben oder die Temperatur der Grillpfanne reduzieren. Das Fleisch einmal wenden und weitere 3–4 Minuten grillen, bis es fest und gut durch, aber nicht trocken ist. Auf eine Servierplatte legen und beiseitestellen.

Die Pfirsiche direkt auf den Grill oder in die Grillpfanne legen und 30–60 Sekunden scharf anbraten, bis sich auf den Schnittflächen Rostabdrücke bilden. Zwischendurch mit einer Zange wenden.

Die Pfirsiche zu den Koteletts geben und alles mit Balsamico beträufeln. Mit Basilikum garnieren und servieren.

FÜR 2 PERSONEN

fig leaves

cilantro root

seeds

pit

watermelon seeds

onion flower

cherry pits

ginger l

nato

chestnut husk

51

In der Küche mit

ANDREA REUS NG & MAC MCCAUGHAN

Liebstes selbst gekochtes Essen für zwei

Spaghetti mit Knoblauch und Chili.

Immer im Kühlschrank vorrätig

Salami, Sardellen und eingelegtes Gemüse.

Lieblingscocktail

Ein paar gemischte Früchte – was immer gerade Saison hat, vielleicht Mandarinen, Brombeeren oder Muskateller Trauben –, eisgekühlter Wodka und ein Hauch Kräuter-schnaps.

Das gemeinsame Küchenglück bewahren

Der Koch muss nicht aufräumen. Jedenfalls nicht viel.

Ein entspanntes Frühstück

Gebackene Eier mit Toast, heißem Kaffee und frischem Satsumasaft.

Liebstes Küchenutensil

Alte gusseiserne Pfannen.

Hors d'oeuvre-Dauerbrenner für Gäste

Wir servieren gerne hauchdünn geschnittenen Schinken wie Benton's oder Edward's. Man kann ihn gut aufbewahren und er wird immer gern gegessen.

Tischdeko

Schätze, die unsere Kinder im Wald oder am Strand gesammelt haben – frisches Moos, Nüsse, Seesterne und Steine.

QUINOA TABBOULEH

Das Trio aus Frühlingszwiebeln, Petersilie und Minze sorgt für eine Fülle von kräftigen Kräuteraromen in diesem nahöstlich inspirierten Salat. Wir nehmen hier anstelle des üblichen Bulgur südamerikanisches Getreide. Quinoa liefert die passende erdige Basis für das Sommergemüse und das Dressing aus fruchtigem Olivenöl und würzig-süßem Granatapfelsirup.

ZUTATEN

140 g Quinoa (im Reformhaus erhältlich), gewaschen und abgetropft

375 ml Hühner- oder Gemüsebrühe, alternativ Wasser

Salz

1 große Bio-Zitrone

1 Knoblauchzehe, gehackt

1½ TL Granatapfelsirup

½ TL Zucker

Pfeffer, frisch gemahlen

60 ml Olivenöl,

extra vergine

1 große, reife Tomate, entkernt und in 1 cm große Würfel geschnitten

½ kleine Gurke, in 1 cm große Würfel geschnitten

2 Frühlingszwiebeln, mitsamt der zarten grünen Spitzen in dünne Scheiben geschnitten

2 EL frische glatte Petersilie, grob gehackt

2 EL frische Minze, grob gehackt

KÜCHENHELFER

1 Topf, 1 feines Sieb, verschiedene Rührschüsseln, 1 Küchenmesser, 1 Reibe, 1 Zitronenpresse, 1 Schneebesen

Quinoa, Brühe und eine Prise Salz in einem Topf bei hoher Temperatur zum Kochen bringen. Den Topf abdecken, die Temperatur reduzieren und ca. 12 Minuten köcheln lassen, bis die Quinoakörner die gesamte Flüssigkeit aufgenommen haben und gar sind. Dann sofort in ein Sieb geben und unter kaltem Wasser 1–2 Minuten abschrecken und vollständig auskühlen lassen. Gut abtropfen und in eine Schüssel geben.

Für das Dressing die Hälfte der Zitronenschale fein abreiben und dann 2½ Esslöffel Saft auspressen. Abrieb und Saft in einer kleinen Schüssel mit Knoblauch, Granatapfelsirup, Zucker, ¼ Teelöffel Salz und etwas gemahlenem Pfeffer verrühren, bis sich der Zucker aufgelöst hat. Unter Rühren langsam das Olivenöl zugießen und weiterrühren, sodass sich alles gut vermischt. Nach Belieben abschmecken und nachwürzen. Ca. ¾ des Dressings zum Quinoa geben und gut vermengen.

Tomate, Gurke, Frühlingszwiebeln, eine großzügige Prise Salz und das restliche Dressing vermischen. Alles zum Quinoa geben und vermengen. Petersilie und Minze zufügen. Nach Belieben abschmecken und servieren.

FÜR 2 PERSONEN

POLENTA MIT GEMÜSERAGOUT

Cremige Polenta ist die ideale Basis für Tomatenragout, verfeinert mit Pilzen und Zucchini. Schnell kochende Polenta ist in fast allen gut sortierten Supermärkten erhältlich. Sollten Sie sie dennoch nicht bekommen können, verwenden Sie normale Polenta und kochen sie 25–30 Minuten. Alternativ können Sie auch Maismehl verwenden.

ZUTATEN

2 EL Olivenöl, extra vergine

½ gelbe Zwiebel, gehackt

2 kleine Knoblauchzehen, fein gehackt

½ Zucchini, in Scheiben geschnitten

250 g gemischte Champignons, in Scheiben geschnitten

125 g Eiertomaten, entkernt und gehackt

1½ TL frischer Rosmarin, gehackt

2 EL Marsala, Sherry oder Sherryessig

Salz

Pfeffer, frisch gemahlen

500 ml Gemüse- oder Hühnerbrühe

105 g schnell kochende Polenta

2 EL Parmesan, frisch gerieben

KÜCHENHELFER

1 Küchenmesser, 1 Reibe, 1 Pfanne,
1 Topf, 1 Schneebesen

In einer Pfanne 1½ Esslöffel Öl bei mittlerer Temperatur erhitzen. Zwiebel zugeben und ca. 4 Minuten anschwitzen, bis sie weich ist. Knoblauch, Zucchini und Pilze zufügen und 4–5 Minuten braten, bis das Gemüse zart ist. Tomaten, Rosmarin, Marsala, ½ Teelöffel Salz und etwas frisch gemahlenen Pfeffer zugeben. Unter häufigem Rühren 3–4 Minuten weiterbraten, bis die Tomaten weich sind.

In der Zwischenzeit die Brühe in einem Topf bei hoher Temperatur zum Kochen bringen. Mit dem Schneebesen die Polenta und ½ Teelöffel Salz einrühren. Die Temperatur stark reduzieren und unter häufigem Rühren ca. 5 Minuten weiterkochen, bis die Polenta dickcremig ist. Von der Herdplatte nehmen und das restliche Öl sowie den Käse einrühren.

Die Polenta in flache Schüsseln oder Teller geben und mit dem Ragout servieren.

FÜR 2 PERSONEN

MAROKKANISCHE LAMMBURGER

Stellen Sie sich den Burgerabend einmal mit nahöstlichem Flair vor – mit Lamm, frischen Kräutern und Gewürzen. Eine kalte Joghurtsauce sowie sommerliche Tomaten und Gurken sind die perfekte Ergänzung. Wenn Sie mögen, servieren Sie die Burger auf einem Bett aus Quinoa Tabouleh (Seite 136).

ZUTATEN

Rapsöl zum Einpinseln des Grillrosts

375 g mageres Lammhackfleisch

2½ EL frische Minze, klein gehackt

2½ EL frische glatte Petersilie, klein gehackt

½ kleine gelbe Zwiebel, fein gehackt

¾ TL Kreuzkümmel, gemahlen

¼ TL Zimt, gemahlen

Salz

Cayennepfeffer

60 g Naturjoghurt

60 g reife Kirschtomaten, halbiert

1 kleine Gurke, in dickere Streifen geschnitten

2 Pitabrote, je nach Belieben gegrillt und in Stücke geteilt

KÜCHENHELFER

1 Küchenmesser, 1 Kohle- oder Gasgrill oder 1 Grillpfanne, 1 Küchenzange, verschiedene Rührschüsseln

Den Kohle- oder Gasgrill auf mittlere Temperatur vorheizen. Den Grillrost einölen. Alternativ eine Grillpfanne bei mittlerer Temperatur auf dem Herd erhitzen.

Mit den Händen das Lammfleisch, je 1 Esslöffel Minze und Petersilie, die Zwiebel, ½ Teelöffel Kreuzkümmel, Zimt, ¼ Teelöffel Salz und eine Prise Cayennepfeffer in einer Schüssel miteinander verkneten. Dann zu 2 gleich großen Frikadellen formen.

In einer anderen Schüssel den Joghurt, die übrige Minze und Petersilie und den restlichen Kreuzkümmel verrühren. Nach Belieben mit Salz und Cayennepfeffer abschmecken und beiseitestellen.

Die Lammfrikadellen auf die heißeste Stelle des Grillrosts oder in die Grillpfanne legen und unter einmaligem Wenden grillen. Das dauert ca. 10 Minuten für medium gebratenes Fleisch, etwas länger, bis es durch ist.

Die Frikadellen auf Teller geben. Beide Burger mit einem Löffel Joghurtsauce und je einer Hälfte der Tomaten und Gurken anrichten. Die übrige Joghurtsauce und das Pitabrot zusammen mit den Burgern servieren.

FÜR 2 PERSONEN

MANGOLD MIT ROSINEN UND PINIENKERNEN

Für diese einfache und schnelle Beilage braten wir herzhaften, gesunden Mangold mit einer Handvoll Zutaten. Die natürliche Süße des Mangolds wird mit dem Aroma von Rosinen und Butter abgerundet. Statt Magold können Sie auch Spinat verwenden.

ZUTATEN

1 EL Pinienkerne	1 EL Butter
375 g Mangold, von den harten Stielen befreit	1 EL Rosinen
Salz	Pfeffer, frisch gemahlen

KÜCHENHELFER

1 Küchenmesser, 1 kleine Pfanne,
1 Topf, 1 Durchschlag

Die Pinienkerne ca. 3 Minuten in einer Pfanne bei mittlerer Temperatur rösten, bis sie goldbraun sind. Auf einen kleinen Teller geben und abkühlen lassen.

Den Mangold längs in 2,5 cm breite Streifen schneiden. Mit 60 ml Wasser und 1 Teelöffel Salz in einen Topf geben. Bei mittlerer Temperatur abgedeckt ca. 5 Minuten köcheln, bis der Mangold zusammenfällt und zart ist. Zwischendurch 1-2 Mal durchrühren. In einem Durchschlag gut abtropfen lassen und überschüssiges Wasser mit der Rückseite eines Löffels auspressen.

Den Topf abspülen, dann Butter hineingeben und bei niedriger Temperatur erwärmen. Wenn die Butter geschmolzen ist, den Mangold und die Rosinen zufügen und unter gelegentlichem Rühren ca. 5 Minuten anbraten, bis alles gut vermengt ist und sich die Aromen vereint haben. Nach Belieben mit Salz und Pfeffer abschmecken.

Auf eine Servierplatte geben, mit den Pinienkernen bestreuen und servieren.

FÜR 2 PERSONEN

SPARGEL MIT ZITRONE UND PARMESAN

Parmesan, salzig und nussig im Geschmack, bietet einer schönen Kontrast zur sauren Zitrone und dem herzhaften Spargel. Fruchtiges Olivenöl vereint in diesem Rezept auf wunderbare Weise alle Zutaten. Sollten Reste übrig bleiben, können Sie sie gut am nächsten Tag mit grünem Salat servieren.

ZUTATEN

Salz	Pfeffer, frisch gemahlen
Eiswürfel	2 TL Olivenöl, extra vergine
½ Bund sehr dünner grüner Spargel	
	60 g Parmesan zum Servieren
1 Bio-Zitrone	

KÜCHENHELFER

1 großer Topf, verschiedene Rührschüsseln, 1 Küchenmesser, 1 Reibe, 1 Zitronenpresse, 1 Durchschlag, 1 Schneebesen, 1 Sparschäler

In einem großen Topf Salzwasser zum Kochen bringen und eine große Schüssel mit Eiswasser füllen.

Den Spargel von den holzigen Enden befreien und in ca. 4 cm lange Stücke schneiden. Von der Zitrone 1½ Teelöffel Schale fein abreiben und ebenso viel Saft auspressen. Beides in einer kleinen Schüssel beiseitestellen.

Die Spargelstücke in das kochende Wasser geben und ca. 2½ Minuten blanchieren, sodass sie schön bissfest sind. Sofort das Wasser abgießen und den Spargel für ca. 2 Minuten in das Eiswasser geben. Anschließend abgießen und die Spargelstücke auf einer Servierplatte anrichten.

Zitronensaft und -abrieb mit je 1 Prise Salz und Pfeffer verrühren. Langsam das Olivenöl einrühren, bis sich die Zutaten gut vermischt haben. Nach Belieben abschmecken. Dann das Dressing gleichmäßig über den Salat geben. Mit dem Sparschäler dünne Käselocken darüberhobeln und servieren.

FÜR 2 PERSONEN

ERDBEER-SHORTCAKES

Säuerliche Erdbeeren, gepaart mit süßer Creme und Kuchenteig, verkörpern den Sommer. Bereiten Sie den Teig einige Stunden im Voraus zu, rollen Sie ihn aus und stellen Sie ihn bis zum Backen kalt. Sie können die Erdbeeren auch durch alle anderen Sommerfrüchte wie Pfirsiche, Nektarinen oder eine Mischung aus Beeren und Steinfrüchten ersetzen.

ZUTATEN

FÜR DIE ERDBEER-FÜLLUNG

125 g reife Erdbeeren, geputzt und längs geviertelt

1½ EL Zucker

60 ml Orangensaft, frisch gepresst

¾ TL Orangenblütenwasser (optional)

FÜR DIE SHORTCAKES

105 g Mehl, plus Mehl zum Bestäuben

1 EL Zucker

1 TL Backpulver

1 Prise Salz

2 EL gesalzene Butter, kalt und in sehr kleine Stücke geschnitten

80 g Crème double, plus 1 TL extra

AUSSERDEM

125 g Crème double

1 Spritzer Vanilleextrakt

1 TL Puderzucker, plus Zucker zum Bestäuben (optional)

KÜCHENHELFER

1 Gemüsemesser, 1 Zitronenpresse,
3 Rührschüsseln, 1 Kochlöffel, 1 scharfes Messer,
1 Backblech, 1 Backpinsel, 1 Gitterrost,
1 Schneebesen oder 1 Handrührgerät,
optional: 1 feines Sieb

Für die Erdbeerfüllung die Früchte, Zucker, Orangensaft und Orangenblütenwasser in einer Schüssel miteinander vermengen und 30 Minuten ziehen lassen. Gelegentlich umrühren.

Für die Shortcakes den Ofen auf 190 °C vorheizen. In einer Schüssel Mehl, Zucker, Backpulver und Salz vermischen. Die zerkleinerte Butter zur Mehlmischung zufügen. Dann die Crème double zugeben und alles schnell miteinander verkneten, bis ein glatter, klebriger Teig entsteht. Den Teig auf eine leicht bemehlte Arbeitsfläche geben. Mit etwas Mehl bestäuben und mit den Händen zu einem 2,5 cm dicken Rechteck flach drücken. Mit einem scharfen Messer den Teig in zwei Quadrate schneiden und mit einem Abstand von mindestens 5 cm auf das Backblech legen. Einen Teelöffel Crème double auf dem Teig verstreichen und diesen für 20–25 Minuten im Ofen backen, bis er aufgeht und etwas Farbe nimmt. Auf einem Gitterrost abkühlen lassen.

In der Zwischenzeit Crème double, Vanilleextrakt und Puderzucker mit einem Schneebesen oder einem Handrührgerät in einer Schüssel zu einer steifen Masse schlagen. Die Creme abdecken und in den Kühlschrank stellen, bis sie weiterverarbeitet wird.

Zum Servieren jeden Shortcake in zwei Hälften schneiden und jeweils die untere auf einen Kuchenteller legen. Die Erdbeeren zusammen mit dem Saft daraufgeben und etwas kalte Creme obenauf setzen. Mit der zweiten Teighälfte abdecken. Je nach Geschmack den Shortcake mit gesiebtem Puderzucker bestäuben und servieren.

FÜR 2 PERSONEN

GEGRILLTE BALSAMICO-PFLAUMEN

Gegrillte Früchte sind gleich doppelt gut. Zum einen schmecken sie herrlich als Beilage zu gegrilltem Fleisch (Seite 133), zum anderen sind sie ein wunderbarer Begleiter zu Eiscreme. Balsamicoessig ist sowohl süß als auch sauer. Und wird er erhitzt, gibt er eine aromatische Glasur ab. Sie können für dieses Rezept auch andere sommerliche Steinfrüchte verwenden.

ZUTATEN

Rapsöl zum Einpinseln des Grillrosts

4 Pflaumen oder Pluots, halbiert und entkernt

2 EL Balsamicoessig, plus Essig zum Beträufeln

Vanilleeis zum Servieren

KÜCHENHELFER

1 Küchenmesser, 1 Kohle- oder Gasgrill oder 1 Grillpfanne, 1 Backpinsel

Den Kohle- oder Gasgrill auf mittlere Temperatur vorheizen. Den Grillrost einölen. Alternativ eine Grillpfanne bei mittlerer Temperatur auf dem Herd erhitzen. Die Pflaumen von beiden Seiten mit ca. 1½ Esslöffel Essig einpinseln.

Die Pflaumen mit der angeschnittenen Seite nach unten auf die heißeste Stelle des Grillrosts oder in die Pfanne legen. Während des Grillens einmal wenden und zwischendurch 2 oder 3 Mal mit dem restlichen Essig einpinseln. Je nach Reifegrad der Früchte 5–10 Minuten grillen, bis die Pflaumen zart und leicht geschmort sind.

Die Pflaumen in Schüsseln oder auf Teller geben und die Eiscreme daneben anrichten. Mit Balsamico beträufeln und servieren.

FÜR 2 PERSONEN

CANTALOUPE-GRANITA

Eiskalte Granita bildet den idealen Abschluss jeder Mahlzeit. Gehen Sie sicher, dass die Melone reif ist: Sie sollte süß riechen und der Stielansatz sollte beim Andrücken nachgeben.

ZUTATEN

60 g Zucker

125 ml Wasser

5 Eiswürfel

½ Cantaloupe-Melone, geschält, entkernt und in Stücke geschnitten (ca. 375 g)

3 EL Zitronensaft, frisch gepresst

KÜCHENHELFER

1 Küchenmesser, 1 Zitronenpresse, 1 kleiner Topf, 1 hitzebeständige Rührschüssel, 1 Standmixer, 1 Auflaufform (⌀ 23 cm)

Zucker und Wasser bei mittlerer Temperatur in einem Topf unter gelegentlichem Rühren ca. 3 Minuten erhitzen, bis sich der Zucker aufgelöst hat. Den Topf von der Herdplatte nehmen, den Sirup in eine hitzebeständige Schüssel geben und die Eiswürfel zufügen. Ca. 1 Minute umrühren, bis der Sirup kalt ist. Alles Eis entfernen, das nicht geschmolzen ist.

Melone, Zitronensaft und den Zuckersirup in einen Standmixer geben und ca. 1 Minute mixen, bis sich die Zutaten zu einem glatten Püree vermischt haben.

Die Mischung in eine Auflaufform geben und ca. 1 Stunde ins Tiefkühlfach legen, bis sie halb gefroren ist. Mit einer Gabel die Eiskristalle zerbrechen und die Granita zerstoßen. Erneut bis zu 1 Stunde einfrieren, bis die Mischung etwas fester, aber nicht komplett gefroren ist.

Die Granita in Gläser oder Schüsseln portionieren und sofort servieren.

FÜR 2 PERSONEN

SCHOKOLADEN-POTS DE CRÈME

Dieser cremige Schokoladenpudding ist in kleinen Auflaufförmchen schnell gemacht. Die Portionsgrößen sind genau richtig für zwei – egal ob es einen besonderen Anlass gibt oder Sie einfach Schokoladenheißhunger haben.

ZUTATEN

60 ml Vollmilch

90 g Crème double

45 g Zartbitterschokolade bester Qualität, fein gehackt, plus Schokolade zum Garnieren (optional)

2 große Eigelb

45 g Zucker

Geschlagene Sahne zum Servieren (optional)

KÜCHENHELFER

1 Brotmesser, 1 Topf, 1 hitzebeständige Rührschüssel, 1 Kochlöffel, 1 feines Sieb, 1 Messbecher, 2 Auflaufförmchen à 125 ml oder hitzebeständige Puddingschälchen, 1 tiefes Backblech, 1 Reibe (optional)

Den Ofen auf 150 °C vorheizen. Milch und Crème double bei mittlerer Temperatur in einem Topf erhitzen, bis sich Blasen am Topfrand bilden. Die Schokolade zugeben und rühren, bis sie geschmolzen ist. Beiseitestellen und leicht abkühlen lassen.

In einer Schüssel Eigelbe und Zucker mit einem Kochlöffel verrühren, bis sich der Zucker aufgelöst hat. Die noch warme, aber nicht mehr heiße Schokoladenmischung unter ständigem Rühren zugießen. Durch ein feines Sieb in einen Messbecher seihen und mit einem Löffel den Schaum von der Oberfläche abnehmen.

2 Auflaufförmchen oder andere hitzebeständige Puddingschüsseln in ein tiefes Backblech stellen. Die Schokoladenmischung gleichmäßig auf die beiden Förmchen verteilen. Das Blech mit heißem Wasser füllen, sodass die Förmchen zur Hälfte im Wasser stehen. Diese lose mit Aluminiumfolie abdecken, damit sich keine Haut auf dem Pudding bildet. Ca. 30 Minuten backen, bis der Pudding an den Rändern fest wird, in der Mitte aber noch wackelt, wenn er vorsichtig angestoßen wird.

Das Backblech aus dem Ofen holen und die Schüsseln vorsichtig aus dem Wasser nehmen. Komplett auskühlen lassen und abgedeckt für mindestens 2 Stunden oder über Nacht in den Kühlschrank stellen.

Den Pudding kalt servieren. Je nach Belieben etwas geschlagene Sahne obenauf setzen und mit geriebener Schokolade bestreuen.

FÜR 2 PERSONEN

4

KOCHEN *für* GÄSTE

KOCHEN *für* GÄSTE

*Bei uns sind einfache Abendessen mit Gästen
nur selten wirklich einfach. Wir können nicht anders –
als führten wir ein Restaurant nur für Freunde.*

Jordan Jede Dinnerparty umfasst bei uns mindestens vier
Gänge: Vorspeise, Hauptgericht, Salat und Käse. Oft fügen wir
noch Dessert und Hors d'oeuvres hinzu. Und natürlich Wein.

Christie Jede Dinnerparty folgt bei uns einem festgelegten
Muster. Vorweg gibt es Champagner und eine Häppchenplatte.
Als ersten Gang mache ich eine vegetarische Suppe oder einen
Salat. Dazu gibt es Weißwein, meistens französischen. Dann
servieren wir Fleisch oder Fisch aus dem Ofen oder vom Grill.
Nun fließt auch der Rotwein. Als Nächstes reichen wir einen
frischen grünen Salat, gefolgt von einer Käseplatte. Das Dessert
setzt sich immer aus Früchten der jeweiligen Saison zusammen.

Jordan Unsere ausschweifenden, mehrgängigen Menüs spiegeln
unsere Persönlichkeiten wider. Christie hat den Großteil ihres
bisherigen Arbeitslebens im Service gehobener Restaurants
verbracht. Das bedeutet, dass das gesamte Haus geschrubbt wird,
Blumen besorgt und Weingläser poliert werden. Ich verfahre in
der Küche so, wie ich es auch mit dem Schreiben mache: Jedes
Gericht muss einen originellen Touch haben. Ich stelle Bouillons
für Suppen selber her und fange mit den Saucen einen Tag im
Voraus an. Aber immerhin habe ich das Brotbacken aus selbst gemachtem Sauerteig aufgegeben.

Christie Man könnte denken, dass wir direkt ins Bett fallen
sobald die letzten Gäste gegangen sind. Aber das ist nicht immer
der Fall. Würden Sie Mäuschen spielen, könnten Sie stattdessen
das Zischen beim Öffnen kalter Bierflaschen und flippige Musik
aus den Lautsprechern der Stereoanlage hören. Und Sie würden
sehen, wie wir übers Parkett wirbeln und uns drehen, um das
Adrenalin des Abends wegzutanzen.

IDEEN *für schnelle* GETREIDEBEILAGEN

Hauptgerichte werden bei uns akribisch geplant. Aber wenn es um die Beilagen geht, lassen wir es entspannter angehen. Manchmal wählen wir sie vorher aus, aber oft genug kaufen wir auf dem Markt einfach das, was gut aussieht. Dann sehen wir schon, wo es uns hinführt.

Leckere Getreidebeilagen sollten einfach, aber trotzdem so aromatisch sein, dass sie auch allein ein gutes Gericht abgeben könnten. Unsere Grundlagen sind Farro, Quinoa und Couscous. Dann fügen wir zahlreiche frische Kräuter und Geschmacksträger wie Knoblauch und Schalotten zu. Und schließlich runden wir alles mit einem Spritzer Zitronensaft oder Essig sowie einem großzügigen Schuss fruchtigem Olivenöl ab.

GRÜNES COUSCOUS
Pürieren Sie 30 g gemischte Kräuter aus Minze, Basilikum, Petersilie und Salbeiblättern + 1 Schuss gutes Olivenöl + Salz und Pfeffer. Vermengen Sie die Mischung mit 625 g gekochtem Couscous.

FARRO MIT FLASCHENKÜRBIS
Mischen Sie 750 g gekochten Farro + 1 Handvoll gewürfelten und gedünsteten Flaschenkürbis + 1 gehackte Schalotte + 1 EL zerlassene Butter + 1 kleine Handvoll frischen gehackten Thymian.

WILDREIS MIT CRANBERRYS
Mischen Sie 625 g gekochten Wildreis + 1 Handvoll getrocknete Cranberrys + 1 Bund gehackte Frühlingszwiebeln + je 1 Spritzer Sherryessig und gutes Olivenöl + Salz und Pfeffer.

IDEEN *für schnelle* GEMÜSEBEILAGEN

Genau genommen überlegen wir uns die Beilagen erst, wenn wir schon am Herd stehen. Wir haben festgestellt, dass sich interessante Beilagen oftmals aus einer einfachen Kombination zweier oder dreier Zutaten ergeben, die man nicht immer zusammen findet.

Wenn es um das Kreieren gesunder und leckerer Beilagen geht, ist einer unserer Favoriten Bohnen mit Grün. Eine beliebige Art gekochter Bohnen wird mit herzhaftem Blattgemüse gebraten – je nachdem was wir gerade zur Hand haben: von Mangold über Grünkohl bis hin zum Blattgrün der Roten Bete. Für den Geschmack geben wir ein paar Chiliflocken oder geriebenen Käse darüber. Wenn wir ein Hauptgericht zubereiten, das die Benutzung vieler Herdplatten erfordert, schmoren wir das Gemüse auch gern im Backofen. Das schafft Platz auf dem Herd und das Gemüse karamellisiert herrlich in der Hitze des Ofens.

WEISSE BOHNEN MIT TOMATEN
Braten Sie 2 EL Olivenöl + 1 Handvoll gehackte Frühlingszwiebeln + 1 gewürfelte Tomate + 1 Dose weiße Bohnen, abgegossen und abgespült + 1 Spritzer Hühnerbrühe + Salz und Pfeffer + frisch gehackte glatte Petersilie.

CHANA MASALA
Braten Sie 2 EL Olivenöl + 1 gehackte gelbe Zwiebel + 1 Dose Kichererbsen, abgegossen und abgespült + 1 Dose gewürfelte Tomaten + 2 EL geschälter und geriebener Ingwer + je 1 Prise Currypulver, gemahlener Kreuzkümmel und gemahlener Zimt + Salz und Pfeffer.

GEBRATENE GRÜNE BOHNEN
Braten Sie 1 EL Olivenöl + 2 Handvoll grüne Bohnen + 2 gehackte Knoblauchzehen + 1 rote Paprika, entkernt und gehackt. Dann 1 Handvoll frischen Koriander + Salz und Pfeffer einrühren.

GEBRATENER BLUMENKOHL MIT KAPERN
Schneiden Sie 2 Köpfe Blumenkohl in Röschen und beträufeln Sie sie mit Olivenöl. Für 30 Minuten bei 230 °C im Ofen schmoren. Mit Kapern + Abrieb und Saft von 1 Bio-Zitrone vermengen.

GEBRATENE SÜSSKARTOFFELN MIT AHORNSIRUP
Schneiden Sie 3 Süßkartoffeln in Spalten und vermischen Sie sie mit Ahornsirup + Olivenöl + getrocknetem Rosmarin + Salz und Pfeffer. Bei 230 °C 35 Minuten im Ofen schmoren.

FEINER ZUCCHINISALAT
MIT ZITRONE, MINZE UND FETA

Salzig-würziger Feta und erfrischende Minze bereichern den Geschmack der Zucchini in diesem schlichten Salat. Verwenden Sie ein erstklassiges Olivenöl, um dem Gericht ein volles, fruchtiges Aroma zu verleihen. Und achten Sie darauf, die Zuchini in hauchdünne, gleichmäßige Streifen zu schneiden.

ZUTATEN

4 Zucchini (ca. 1 kg Gesamtgewicht)

60 ml Olivenöl, extra vergine

1 TL feiner Bio-Zitronenabrieb

¼ TL Salz

¼ TL Pfeffer, frisch gemahlen

10 g frische Minzblätter

155 g Feta, zerbröselt

KÜCHENHELFER

1 Reibe, 1 Küchenmesser, 1 Sparschäler oder 1 Hobel, verschiedene Rührschüsseln

Die Enden der Zucchini abschneiden. Mit einem Sparschäler oder einem Hobel die Zucchini längs in hauchdünne Streifen schneiden und in eine Schüssel geben. Wenn Sie das kernige Innere nicht schälen können, entsorgen Sie es oder bewahren Sie es für eine spätere Verwendung auf.

In einer kleinen Schüssel das Olivenöl und den Zitronenabrieb verrühren. Die Mischung über die Zucchini geben und mit Salz und Pfeffer würzen. Minze und Käse in einer Schale vermengen. Nach Belieben abschmecken.

Den Salat in Gläser oder auf Teller geben und servieren.

FÜR 4–6 PERSONEN

SALAT AUS JUNGEM BLATTGEMÜSE MIT GERÖSTETEN ERDBEEREN

Das Rösten der Erdbeeren mit Zucker intensiviert ihre Süße und macht sie schön weich. So entsteht ein toller Kontrast zum salzigen Käse und den knusprigen Mandeln. Je nach Belieben können Sie anstelle des Pecorino auch Ziegenkäse verwenden.

ZUTATEN

500 g große Erdbeeren, geputzt und längs in Hälften geschnitten

125 ml Olivenöl, extra vergine

2 TL + 1 EL Zucker

Salz

Pfeffer, frisch gemahlen

90 ml Rotweinessig

60 ml Orangensaft, frisch gepresst

4 TL frischer Estragon, fein gehackt

170 g ganze Mandeln, blanchiert, geschält und geröstet

280 g junger Spinat

155 g Pecorino-Käse, dünn geschnitten

KÜCHENHELFER

1 Gemüsemesser, 1 Küchenmesser, 1 Zitronenpresse, 1 Sparschäler, 1 tiefes Backblech, verschiedene Rührschüsseln, 1 Schneebesen

Den Ofen auf 200 °C vorheizen.

Die Erdbeeren auf einem tiefen Backblech verteilen. Mit 2 Esslöffeln Olivenöl beträufeln und 2 Teelöffel Zucker, ¼ Teelöffel Salz und gemahlenen Pfeffer darüberstreuen. Die Beeren kurz schwenken, um sie von allen Seiten mit den Gewürzen zu bedecken. Anschließend wieder gleichmäßig auf dem Blech verteilen. Ca. 10 Minuten schmoren, bis die Früchte weich sind. Auf Zimmertemperatur abkühlen lassen.

In einer kleinen Schüssel Essig, Orangensaft, Estragon, den übrigen Zucker, ¾ Teelöffel Salz und etwas frisch gemahlenen Pfeffer verrühren, bis sich der Zucker auflöst. Langsam das restliche Olivenöl zugießen und verrühren, bis sich die Zutaten zu einer gleichmäßigen Vinaigrette gemischt haben. Nach Belieben abschmecken.

Die Mandeln mit ¼ Teelöffel Salz in einer kleinen Schüssel vermischen. In einer großen Schüssel den Spinat, ¼ Teelöffel Salz und etwas Pfeffer vermengen. Die Vinaigrette nochmals durchrühren und ca. die Hälfte über den Spinat geben. Gut vermengen, damit sich die Vinaigrette verteilt. Nach Belieben abschmecken und bei Bedarf mehr Vinaigrette zugeben. Es kann sein, dass nicht das ganze Dressing benötigt wird.

Den Spinat gleichmäßig auf die Teller verteilen und auf jede Portion einige der geschmorten Erdbeeren geben. Mit den Mandeln garnieren, den Käse darüberstreuen und servieren.

FÜR 6 PERSONEN

SALAT AUS ORANGEN, ZWIEBELN UND OLIVEN

Die Köche des südlichen Mittelmeerraums kombinieren gerne süße Zitrusgewächse mit scharfen roten Zwiebeln und salzigen Oliven. Diese leckere Mischung bietet ein wundervolles Vorbild für andere Fruchtsalate. Nehmen Sie zum Beispiel Wassermelone und Limettensaft anstelle von Orangen und Zitronensaft und fügen Sie Feta, rote Zwiebeln und Oliven hinzu.

ZUTATEN

4 Navelorangen

¼ kleine rote Zwiebel, in dünne Streifen geschnitten

Saft von ½ Zitrone

¼ TL Zimt, gemahlen

Etwas Orangensaft, frisch gepresst

1 EL Olivenöl,

extra vergine

Salz

Pfeffer, frisch gemahlen

90 g grüne Oliven oder eingelegte schwarze Oliven, entsteint und halbiert

1 EL frische glatte Petersilie, gehackt

KÜCHENHELFER

1 Küchenmesser, 1 Zitronenpresse,
1 Gemüsemesser, 1 kleine Rührschüssel,
1 Schneebesen

Die Orangen nacheinander bearbeiten: Mit einem scharfen Messer die Orange oben und unten abschneiden, sodass das Fruchtfleisch zum Vorschein kommt. Die Schale und die weiße Innenhaut entfernen und die Orange dann vorsichtig filetieren. Ebenso mit den übrigen Orangen verfahren.

Die Orangenfilets auf einer Servierplatte anrichten, sodass sie leicht überlappen und die gesamte Servierplatte ausfüllen. Die Zwiebelstreifen darüber verteilen.

Für das Dressing Zitronensaft und Zimt gut mit dem Orangensaft vermischen. Das Olivenöl einrühren. Je nach Geschmack mit Salz und Pfeffer abschmecken.

Die Oliven über die Orangen geben und alles mit Dressing beträufeln. Bei Zimmertemperatur 10–15 Minuten stehen lassen, damit sich die Aromen mischen können. Dann mit Petersilie bestreuen und servieren

FÜR 4 PERSONEN

EINFACHE BOUILLABAISSE

Dies ist eine einfache Version der berühmten Fischsuppe aus Marseille, gekrönt von Fenchelkraut, Kerbel und Orangenabrieb. Wir empfehlen dazu einen Rosé (siehe unten), aber Sie können ebenfalls einen guten trockenen Weißwein zum Kochen öffnen und den Rest am Tisch zum Essen genießen.

ZUTATEN

2 EL Olivenöl, extra vergine	Tomaten (Dose), mitsamt der Flüssigkeit
10 Knoblauchzehen, in dünne Scheiben geschnitten	1¼ l Fisch- oder Gemüsebrühe
1 EL Fenchelsamen	1 kg Kabeljau oder Seeteufel, in 5 cm große Stücke geschnitten
3 Lorbeerblätter	Zesten von 1 Bio-Orange
60 g Tomatenmark	2 EL frischer Kerbel, gehackt (optional)
Salz	Pfeffer, frisch gemahlen
80 ml trockener Weißwein	Crostini (Seite 92) zum Servieren
1 große Fenchelknolle	
470 g gestückelte	

KÜCHENHELFER

1 Küchenmesser, 1 Zitronenreibe, 1 großer flacher Bratentopf, 1 Schaumlöffel, 1 Pürierstab oder 1 Standmixer, 1 Schöpfkelle

GETRÄNKEEMPFEHLUNG

Einen passenden Wein zur Bouillabaisse zu finden, kann schwierig sein. Der Fisch deutet auf Weißwein hin, aber die Tomaten in der Sauce sprechen für Rotwein. Unsere Lösung? Entscheiden Sie sich für die Mitte und schenken Sie einen trockenen Rosé ein, am besten aus der Provence, wo die Bouillabaisse ihren Ursprung hat.

Das Olivenöl bei niedriger Temperatur in einem flachen Bratentopf erhitzen. Knoblauch, Fenchelsamen und Lorbeerblätter zugeben und ca. 10 Minuten anschwitzen, bis der Knoblauch zart ist und duftet. Er sollte dabei nicht braun werden. Das Tomatenmark und 1½ Teelöffel Salz zufügen und unter Rühren 2 Minuten weiterbraten. Den Wein angießen und gut verrühren.

Strunk, Grün und verfärbte Stellen der äußeren Hülle der Fenchelknolle entfernen. Das Fenchelgrün aufbewahren. Die Knolle längs in breite Streifen schneiden. Fenchel, Tomaten samt Flüssigkeit und die Brühe in den Bratentopf geben, abdecken und ca. 1 Stunde köcheln lassen. Dann den Fisch zugeben, den Topf wieder abdecken und weitere 10–15 Minuten köcheln. Der Fisch sollte danach fest, aber zart sein.

Mithilfe eines Schaumlöffels Fisch und Fenchel auf einen Teller geben. Die Suppe mit einem Pürierstab mixen. Wenn Sie die Suppe etwas gröber mögen, können Sie eine Hälfte der Suppe abgießen und auffangen und nur die andere Hälfte im Topf pürieren. Gießen Sie die nicht pürierte Flüssigkeit anschließend wieder zu und verrühren Sie alles.

Die Tomatensuppe in flache Schüsseln oder Suppenteller geben. Fisch und Fenchel gleichmäßig auf die Schüsseln verteilen. Mit ein paar Orangenzesten, Fenchelgrün und Kerbel garnieren. Mit Salz und Pfeffer würzen und mit den Crostini servieren.

FÜR 4-6 PERSONEN

RAUCHIGES RINDERCHILI

Um diesem Chili mehr Farbe und Geschmack zu geben, garnieren Sie es mit ein wenig Mais-Salsa: In einer Schüssel je 375 g frische (oder aufgetaute) Maiskörner und halbierte Kirschtomaten, 4 dünn geschnittene Frühlingszwiebeln mitsamt des zarten Grüns und den Saft von 1 Limette vermengen.

ZUTATEN

2 kg Rindfleisch, ohne Knochen, von Fett befreit und in 2 cm große Würfel geschnitten

Salz

Pfeffer, frisch gemahlen

60 ml Rapsöl

2 große gelbe Zwiebeln, grob gehackt

8 Knoblauchzehen, in Scheiben geschnitten

2 Chipotle-Chilis in Adobosauce, fein gehackt

2 EL Chipotle-Chilipulver

2 TL Kreuzkümmel, gemahlen

1 TL getrockneter Oregano, vorzugsweise mexikanischer

½–1 TL Chiliflocken

250 g Tomatenmark

500–750 ml Rinderbrühe

KÜCHENHELFER

1 Küchenmesser, 1 Bratentopf, 1 Schaumlöffel, 1 Kochlöffel, 1 Schöpfkelle

Das Fleisch mit Salz und Pfeffer würzen. Das Öl bei hoher Temperatur im Bratentopf erhitzen. Sobald es heiß ist, das Fleisch nach und nach in den Topf geben. Gelegentlich wenden, damit es gleichmäßig Farbe nimmt. Ca. 5 Minuten braten, bis es rundum gebräunt ist. Mit einem Schaumlöffel auf einen Teller geben.

Den Großteil des Bratenfetts aus dem Topf gießen und ihn bei mittlerer Temperatur zurück auf den Herd stellen. Die Zwiebeln zugeben und ca. 6 Minuten braten, bis sie zart sind. Den Knoblauch zufügen und 1 weitere Minute anschwitzen. Dann die Chipotle-Chilis mit Sauce, Chilipulver, Kreuzkümmel, Oregano, rote Chiliflocken nach Belieben und Tomatenmark in den Topf geben. Unter Rühren 2 Minuten köcheln lassen. 250 ml Brühe angießen und mit einem Kochlöffel gut verrühren, dabei den Bratensatz lösen. ½ Teelöffel Salz und etwas Pfeffer zugeben. Für eine dickflüssigere Suppe mit intensivem Chiligeschmack geben Sie weitere 250 ml Brühe hinzu. Soll das Chili etwas flüssiger sein und z.B. mit Reis oder Brot zum Tunken gereicht werden, fügen Sie 500 ml Brühe hinzu. Das Rindfleisch in den Topf zurückgeben und die Temperatur so weit reduzieren, dass das Chili nur leicht köchelt. Abdecken und ca. 1½ Stunden weiterköcheln, bis das Fleisch schön zart ist.

Das Chili in Schüsseln geben und servieren.

FÜR 8 PERSONEN

DREI-KÄSE-LASAGNE

Ja, Lasagne ist zeitaufwendig. Aber wenn sie gut ist, ist sie durch nichts zu schlagen. Wir planen einfach im Voraus und machen jeden Tag ein paar Vorbereitungen. Die Tomatensauce beispielsweise bereiten wir schon vorher zu und frieren sie ein oder stellen sie in den Kühlschrank, bis wir sie brauchen. Die Ricottamischung machen wir ebenfalls am Vortag. Das erspart unnötigen Stress.

ZUTATEN

Olivenöl, extra vergine für die Form

1 kg Ricotta

60 g Parmesan, frisch gerieben

500 g Mozzarella, gewürfelt

2 Knoblauchzehen, gehackt

1 EL frische glatte Petersilie, gehackt

Salz

Pfeffer, frisch gemahlen

2 große Eier, leicht verquirlt

750 ml Tomaten-Basilikum-Sauce (Seite 250), alternativ gekaufte Tomatensauce

250 g frische Lasagneplatten (Seite 250) oder gekaufte ohne Vorkochen

KÜCHENHELFER

1 Reibe, 1 Küchenmesser, verschiedene Rührschüsseln, 1 rechteckige Auflaufform (ca. 23 cm breit, Randhöhe 7,5 cm), 1 Kochlöffel, 1 Schöpfkelle, 1 Pfannenwender

Den Ofen auf 190 °C vorheizen. Den Boden der Auflaufform gleichmäßig dünn mit Olivenöl beträufeln.

Ricotta, Parmesan und 125 g Mozzarella in einer großen Schüssel vermengen. Knoblauch, Petersilie, 1 Teelöffel Salz und etwas Pfeffer zugeben. Abschmecken und bei Bedarf nachsalzen. Die Eier zugeben und gut verrühren.

125 ml Tomatensauce in die vorbereitete Auflaufform geben und gleichmäßig verteilen. Eine Lage Lasagneplatten obenauf legen und wenn nötig in Form brechen. Ein Drittel der Käsemischung gleichmäßig auf der Nudelschicht verteilen. Eine weitere Nudelschicht auf den Käse geben und 180 ml der Sauce darüber verstreichen. Diese wiederum mit einer Nudelschicht bedecken. Dieses Vorgehen mit folgender Reihenfolge wiederholen: Käse, Nudeln, Sauce, Nudeln, Käse, Nudeln. Anschließend den Rest Sauce obenauf geben und mit dem übrigen Käse bestreuen. (An diesem Punkt kann die Lasagne gut abgedeckt bis zu 2 Tage im Kühlschrank gelagert oder bis zu 2 Monate im Tiefkühlfach eingefroren werden.)

Im Ofen 40–45 Minuten backen, bis der Käse goldbraun ist und blubbert. Die Nudeln sollten noch bissfest sein. (Wird die kalte oder eingefrorene Lasagne gebacken, während der ersten 30 Minuten mit Alufolie abdecken, dann ohne Folie weitere 30–45 Minuten backen.) Vor dem Servieren 10 Minuten abkühlen lassen.

FÜR 4–6 PERSONEN

GEGRILLTE FISCH-TACOS

Tacos gibt es in tausend Variationen und man kann sie mit den Händen essen – was gibt es Schöneres? Viel Limette ist ein Muss. Anstelle von Kopfsalat bereiten wir unsere Tacos gern im Baja-Stil vor: mit schnell gemachtem Krautsalat, Limettensaft, Koriander, Chilipulver und einem Klecks Mayonnaise.

ZUTATEN

1 EL Rapsöl, plus Öl zum Grillen und Einpinseln

2 Jalapeño-Chilischoten, der Länge nach geviertelt und entkernt

6 gehäutete Snapper-Fischfilets à 125–155 g, alternativ andere Fischsorten mit festem weißem Fleisch

Salz

Pfeffer, frisch gemahlen

4–8 Maistortillas (⌀ 15 cm)

1 Handvoll Hartholzchips, 30 Minuten in Wasser eingeweicht

½ Kopf Eisbergsalat, klein geschnitten

280 g frische Tomatensalsa

Frischer Koriander, gehackte Zwiebeln, gehackte Tomaten und gehackte Gurken zum Servieren (optional)

Chilisauce und Limettenspalten zum Servieren

KÜCHENHELFER

1 Gemüsemesser, 1 Küchenmesser, 1 Holzkohle- oder Gasgrill, 1 kleine Rührschüssel, 1 Backpinsel, optional: 1 Räucherbox, 1 breiter Pfannenwender, 1 Schneidebrett

Den Kohle- oder Gasgrill auf mittlere Temperatur vorheizen. Den Grillrost einölen.

In einer kleinen Schüssel die Chilischoten im Öl wenden. Den Fisch mit Öl einpinseln, mit Salz und Pfeffer würzen und beiseitestellen. Nacheinander die Tortillas 1–2 Minuten grillen, bis sie warm sind. Zum Warmhalten in Alufolie oder ein sauberes Geschirrtuch wickeln.

Wird ein Kohlegrill verwendet, die Holzchips auf die Kohlen geben. Die Chilischoten auf die heißeste Stelle des Grills legen und unter einmaligem Wenden jede Seite 1–2 Minuten grillen. Den Fisch über der heißesten Stelle des Feuers 3–5 Minuten grillen, bis er nicht mehr glasig ist und Rostabdrücke bekommt. Mit einem breiten Pfannenwender den Fisch wenden und weitere 3–4 Minuten grillen, bis er durchgegart ist.

Wird ein Gasgrill verwendet, den Brenner auf mittlere Temperatur stellen. Eine Räucherbox mit der Hälfte der Holzchips erhitzen, bis das Holz raucht. Die Grilltemperatur etwas reduzieren. Die Chilis über das Heizelement legen und unter einmaligem Wenden jede Seite 1–2 Minuten grillen. Den Fisch 3–5 Minuten grillen, bis er nicht mehr glasig ist und Rostabdrücke bekommt. Mit einem breiten Pfannenwender den Fisch wenden und weitere 3–4 Minuten grillen, bis er durchgegart ist.

Anschließend jedes Fischfilet in große Stücke zupfen. Für die Tacos auf jede Tortilla etwas Fisch geben. Die Chilis darauflegen und die Tacos je nach Geschmack mit Salat, Salsa, Koriander, Zwiebel, Tomate, Gurke oder anderen Zutaten Ihrer Wahl belegen. Mit Chilisauce und Limettenspalten servieren.

FÜR 4 PERSONEN

HÄHNCHEN-TAJINE MIT OLIVEN UND ZITRONEN

Dieses rustikale, herzhafte Gericht, verfeinert mit eingelegten Zitronen und grünen Oliven, ist eine Variation der klassischen marokkanischen Tajine (Eintopf). Halten Sie dafür nach eingelegten Salzzitronen Ausschau.

ZUTATEN

¼ TL Safranfäden

2 große gelbe Zwiebeln (500 g Gesamtgewicht), gewürfelt

20 g frischer Koriander, grob gehackt

20 g frische glatte Petersilie, grob gehackt

60 ml Zitronensaft, frisch gepresst

1 TL Kreuzkümmel, gemahlen

½ TL Ingwer, gemahlen

½ TL Kurkuma, gemahlen

Salz

2 große Knoblauchzehen, zerdrückt

3 EL Olivenöl, extra vergine

8 Hähnchenschenkel, mit Knochen, ohne Haut

1 Hähnchenbrust (625 g), mit Knochen, ohne Haut, geviertelt

2 eingelegte Salzzitronen

125 ml Hühnerbrühe

250 g grüne Oliven, leicht angedrückt

KÜCHENHELFER

1 Küchenmesser, 1 Zitronenpresse,
1 kleine Rührschüssel, 1 Standmixer,
1 wiederverschließbarer Plastikbeutel,
1 großer Bratentopf, 1 Topf, 1 Durchschlag

Den Safran in eine kleine Schüssel geben und 2 Esslöffel warmes Wasser zufügen. Beiseitestellen und 10 Minuten einweichen lassen.

Zwiebeln, Koriander, Petersilie, 2 Esslöffel Zitronensaft, Kreuzkümmel, Ingwer, Kurkuma, Safran mitsamt dem Wasser und 1 Teelöffel Salz im Mixer zu einem dicken Püree verarbeiten. Die Mischung zusammen mit Knoblauch und Olivenöl in einen großen, wiederverschließbaren Gefrierbeutel geben. Das Hähnchenfleisch zufügen, den Beutel verschließen und leicht kneten, um das Fleisch gleichmäßig mit der Marinade zu bedecken. Zwischen 8 und 24 Stunden in den Kühlschrank legen.

Die eingelegten Zitronen halbieren und das Fruchtfleisch herauskratzen. Die Schale in 5 mm breite Zesten schneiden und beiseitestellen. Die Hälfte des Fruchtfleischs hacken und beiseitestellen, die andere Hälfte anderweitig verwenden.

Das Hähnchenfleisch zusammen mit der Marinade in den Bratentopf geben. Die Brühe angießen und das Zitronenfruchtfleisch zugeben. Bei mittlerer Temperatur zum Kochen bringen. Den Topf abdecken, die Temperatur reduzieren und ca. 40 Minuten köcheln lassen, bis das Fleisch zart ist. In der Zwischenzeit Wasser in einem Topf zum Kochen bringen. Die Oliven ins Wasser geben, die Temperatur reduzieren und 5 Minuten köcheln lassen. Das Wasser abgießen und die Oliven beiseitestellen.

Sobald das Hähnchenfleisch gar ist, Oliven, Zitronenzesten und den übrigen Zitronensaft in den Topf zum Fleisch geben. Abgedeckt weitere 10–15 Minuten köcheln lassen, bis sich das Hähnchenfleisch vom Knochen löst.

Im Topf oder in einer großen, flachen Schale servieren.

FÜR 6-8 PERSONEN

PENNE ALL'ARRABBIATA

Dieses italienische Gericht hat seinen Namen, der wörtlich »wütende Nudeln« bedeutet, von der feurigen Schärfe der Chiliflocken. Servieren Sie die Nudeln zusammen mit einem grünen Salat und knusprigem Brot. Schließen Sie mit einem Dessert aus frischen Früchten, Eiscreme oder Affogato ab: eine Kugel Vanilleeis mit einem Schuss heißen Espresso.

ZUTATEN

2 EL Olivenöl, extra vergine

90 g Pancetta, gewürfelt

1 gelbe Zwiebel, fein gehackt

2 Knoblauchzehen, gehackt

¾–1 TL Chiliflocken

875 g ganze Eiertomaten (Dose)

Salz

500 g Penne

60 g frischer Pecorino-Käse, gerieben

10 g frische glatte Petersilie, gehackt

KÜCHENHELFER

1 Küchenmesser, 1 Reibe, 1 große Pfanne, 1 großer Topf, 1 Durchschlag

Das Olivenöl bei mittlerer Temperatur in der Pfanne erhitzen. Den Pancetta zugeben und unter häufigem Wenden ca. 2–3 Minuten braten, bis der Speck Farbe genommen hat. Zwiebel, Knoblauch und Chiliflocken nach Belieben zufügen und 3–5 Minuten braten, bis die Zwiebel weich und glasig ist. Die Tomaten samt Flüssigkeit und mit etwas Salz einrühren. Mit einer Gabel die Tomaten zerkleinern und zerdrücken. 10–15 Minuten köcheln lassen, bis die Sauce leicht angedickt ist. Von der Herdplatte nehmen und warm halten.

In der Zwischenzeit in einem großen Topf Salzwasser zum Kochen bringen. Die Nudeln zugeben und unter gelegentlichem Rühren nach Packungsanleitung al dente kochen. Dann abgießen.

Die Penne zur Sauce geben und bei mittlerer Temperatur gut vermengen. Die Hälfte des Käses zugeben und alles vermischen. In eine vorgewärmte Schüssel füllen, mit Petersilie bestreuen und servieren. Den restlichen Käse auf den Tisch stellen.

FÜR 4–6 PERSONEN

GESCHMORTER THUNFISCH MIT TAPENADE

Thunfisch ist mager und trocknet schnell aus. Er wird oft nur scharf angebraten und fast roh serviert. Für dieses Gericht kochen wir ihn schonend mit ein wenig Brühe bei geringer Temperatur, sodass das Fleisch saftig und geschmackvoll bleibt.

ZUTATEN

60 ml Fisch- oder Gemüsebrühe

80 ml Olivenöl, extra vergine, plus Öl zum Beträufeln

60 ml trockener Weißwein oder Rosé

½ gelbe Zwiebel, fein gehackt

3 Lorbeerblätter

Salz

Pfeffer, frisch gemahlen

750 g Thunfischfilet oder -steak, ohne Haut, in 4 gleich große Stücke

geschnitten

155 g milde grüne Oliven (z.B. Picholine), entsteint

155 g schwarze Oliven (z.B. Nizza-Oliven oder Kalamata), entsteint

2 Knoblauchzehen, gehackt

1 TL Rot- oder Weißweinessig

Abrieb von 1 Bio-Orange

125 g junger Spinat

KÜCHENHELFER

1 Gemüsemesser, 1 Küchenmesser,
1 große Pfanne mit Deckel, 1 Reibe,
1 Standmixer, 1 Rührschüssel

Die Brühe zusammen mit 60 ml Olivenöl, Wein, Zwiebel, Lorbeerblättern, ½ Teelöffel Salz und etwas Pfeffer in der großen Pfanne erwärmen und verrühren. Abdecken und bei geringer Hitze 30 Minuten köcheln lassen, sodass sich die unterschiedlichen Aromen mischen. Den Thunfisch zugeben und abgedeckt weitere 15–20 Minuten kochen. Der Fisch sollte dann fest und nicht mehr glasig sein.

In einem Standmixer beide Olivensorten, Knoblauch, das restliche Olivenöl, Essig und Orangenabrieb zu einer groben Tapenade mixen. (Für das Gericht wird nicht die gesamte Tapenade benötigt. In einem luftdicht verschlossenen Behälter ist sie im Kühlschrank bis zu 1 Woche haltbar und lässt sich für gebratenen oder gegrillten Fisch, für Sandwiches oder als Dip verwenden.)

Den Spinat in eine Schüssel geben, mit etwas Olivenöl beträufeln, mit Salz und Pfeffer würzen und gut vermengen. Auf Teller portionieren und den Thunfisch darauf verteilen. Auf jede Portion einen Löffel der Tapenade geben und servieren.

FÜR 4 PERSONEN

Echte Paargeschichten

WAS IST EUER GASTGEBERGEHEIMNIS?

Molly & Brandon

Genau wie unsere Art zu kochen: wir halten es schlicht, ungezwungen und spontan. Wir mögen die Abende, an denen sich alle in der Küche aufhalten und entspannt mit einem Drink in der Hand am Küchentresen lehnen. Was das Essen betrifft, machen wir meistens Pasta – einfach und lecker – oder irgendwas, das man mit den Händen essen kann, wie Garnelen oder Krabben aus der Region. Diese Art des Essens schafft eine entspannte Atmosphäre.

Aki & Alex

Entspannt sein. Wir möchten die Zubereitung eines guten Gerichts für unsere Gäste ebenso genießen wie das Zusammensein mit ihnen. Während wir in der Küche arbeiten, hören wir oft Countrymusik, denn die hält uns in Schwung.

Saukok & Jamie

Leckeres Essen ist der Schlüssel. Aber ebenso wichtig ist es, Zeit mit seinen Gästen zu verbringen. Wir bereiten alles vor, bevor sie ankommen. Außerdem räumen wir immer nebenbei schon etwas auf. Eine Grillparty auf unserem Dach ist unsere Vorstellung von einem perfekten Abend. Das Menü: Lendenrippchen vom Schwein, Maiskolben und Zucchini, mariniert mit selbst gemachtem Essig.

Julie & Matt

Wir binden unsere Gäste gerne in die Vorbereitungen mit ein. Es macht einen Teil des Genusses aus, wenn man an der Zubereitung des Menüs beteiligt war. Wir decken den Tisch mit altmodischem Geschirr und Stoffservietten.

Lisa & Emmett

Ungezwungenheit. Wir verlagern die Gesellschaft gerne von der Küche (wo alle entspannt am Küchentresen stehen, während wir die Mahlzeit oder die Drinks zubereiten) an den Esstisch und dann hinaus auf die Terrasse. Wir haben immer gute Musik und viele Kerzen an. Als Vorspeise servieren wir oft Tapas: gewürzte Nüsse, marinierten Käse, Spieße oder gegrilltes Brot mit verschiedenen Belägen.

GEGRILLTES HÄHNCHEN MIT MAIS
UND MOZZARELLASALAT

Wenn es zu heiß ist, um den Ofen anzumachen, schmeißen wir für dieses sommerliche Hähnchengericht gerne den Grill an. Geräucherter Mozzarella hat eine feste, cremige Konsistenz und passt gut zum Mais und den Tomaten.

ZUTATEN

1 ganzes Huhn (2 kg)

60 ml + 1 EL Olivenöl, extra vergine

Salz

Pfeffer, frisch gemahlen

Rapsöl zum Einpinseln des Grillrosts

2 Maiskolben

2 EL weißer oder dunkler Balsamicoessig

1 Knoblauchzehe, gehackt

250 g Räuchermozzarella, in 1 cm große Würfel geschnitten

185 g Kirschtomaten, halbiert

3 EL frischer Basilikum, grob gezupft

KÜCHENHELFER

1 Küchenmesser, 1 Backpinsel, 1 Holzkohle-oder Gasgrill, 1 digitales Bratenthermometer, 1 Schneebesen, 1 Schneidebrett

Das Bauchfett des Hähnchens entfernen. Dann das komplette Hähnchen mit 1 Esslöffel Olivenöl einpinseln und innen wie außen mit Salz und Pfeffer würzen. Bei Zimmertemperatur stehen lassen, während der Grill und der Mais vorbereitet werden.

Den Grill auf hohe Temperatur vorheizen und den Rost einölen. Entfernen Sie von den Maiskolben Hülle und Maisbart und wickeln Sie jeden Kolben in Alufolie.

Das Hähnchen mit der Brust nach oben auf den kühleren Teil des Grillrosts legen. Die in Alufolie gewickelten Kolben auf die heißeste Stelle legen. Den Grill abdecken und den Mais ca. 15 Minuten unter gelegentlichem Wenden grillen, bis die Körner leicht geröstet sind (zum Testen die Folie öffnen). Dann die Kolben auf einen Teller geben und die Folie zum Abkühlen öffnen. Das Huhn weitere 50 Minuten abgedeckt grillen, bis das Bratenthermometer an der dicksten Stelle des Brustfleisches, fern vom Knochen, 75 °C anzeigt.

In der Zwischenzeit die Maiskolben quer halbieren, sobald sie kalt genug zum Verarbeiten sind. Dann mit der Schnittfläche nach unten auf die Arbeitsfläche stellen und die Maiskörner vom Kolben schneiden.

Essig, Knoblauch, ½ Teelöffel Salz und ¼ Teelöffel Pfeffer in einer Schüssel verrühren. Nach und nach das Olivenöl angießen. Mais, Mozzarella, Tomaten und Basilikum zugeben und vorsichtig vermengen. Abschmecken und bei Bedarf nachwürzen. Bei Zimmertemperatur beiseitestellen, sodass sich die Aromen mischen können, während das Hähnchen gegart wird.

Wenn das Fleisch fertig gegrillt ist, auf ein Schneidebrett legen und 10 Minuten ruhen lassen. Das Hähnchen tranchieren und zusammen mit dem Salat servieren.

FÜR 4 PERSONEN

GEBRATENES HÄHNCHEN
MIT WARMEM WINTERSALAT

Brät man das Hähnchen in seinem eigenen Fett, wird die Haut goldbraun und knusprig. Wenn Sie nur wenig Zeit haben, können Sie diesen Schritt jedoch auch auslassen und durch Einpinseln mit Olivenöl ersetzen. Wir machen aus dem Bratensaft gerne eine kräftige Vinaigrette.

ZUTATEN

1 ganzes Huhn (ca. 2 kg)

2 Scheiben Landbrot vom Vortag, je 2 cm dick gewürfelt

2 EL Olivenöl, extra vergine

Salz

Pfeffer, frisch gemahlen

2 Schalotten, gehackt

1 Knoblauchzehe, gehackt

125 ml Hühnerbrühe

2 EL Sherryessig

2 EL Walnussöl

125–155 g gemischtes Winterblattgemüse, z.B. Frisée, Radicchio, Eskariol oder Chicorée

60 g Walnusskerne, geröstet und grob gehackt

60 g getrocknete Cranberrys

KÜCHENHELFER

1 Brotmesser, 1 Küchenmesser, 1 kleiner Topf,
1 feines Sieb, verschiedene Rührschüsseln,
1 tiefes Backblech, 1 Bratgestell, 1 Bräter,
1 digitales Bratenthermometer, 1 Schneidebrett,
1 Kochlöffel

GETRÄNKEEMPFEHLUNG

Zu Hähnchenfleisch passt immer ein Weißwein oder ein leichter Rotwein, zum Beispiel Pinot Noir. Aber dieses kräftige, knusprige Hähnchen verträgt auch einen erdigeren, volleren Rotwein wie einen Syrah von der nördlichen Rhône. Halten Sie Ausschau nach Appellationen wie Saint-Joseph, Cornas und Crozes-Hermitage.

Das Bauchfett des Hähnchens entfernen und grob hacken. Das gehackte Fett in einem kleinen Topf bei geringer Temperatur ca. 15 Minuten köcheln lassen, bis es flüssig ist. Durch ein feines Sieb streichen. Dabei sollten ca. 1½ Esslöffel herauskommen. Hähnchen und Fett bei Zimmertemperatur 1–2 Stunden stehen lassen.

Den Ofen auf 180 °C vorheizen. Die Brotwürfel in einer Schüssel mit Olivenöl beträufeln, schwenken und auf das Backblech geben. Im Ofen unter gelegentlichem Durchmengen ca. 15 Minuten rösten, bis das Brot goldbraun ist.

Die Ofentemperatur auf 220 °C erhöhen. Ein Bratgestell im Bräter platzieren. Das Hähnchen mit dem Fett einreiben und innen wie außen mit Salz und Pfeffer würzen. Das Hähnchen seitlich ins Bratgestell legen und von jeder Seite 20 Minuten im Ofen braten. Anschließend auf den Rücken drehen und nochmals ca. 40 Minuten braten, bis es goldbraun ist und an der dicksten Stelle des Brustfleischs 75 °C misst.

Das Hähnchen leicht kippen, sodass Flüssigkeit aus der Bauchhöhle in den Bräter abfließen kann. Dann auf einem Schneidebrett 10 Minuten ruhen lassen. 2 Esslöffel Bratensaft zurückhalten, den Rest weggießen. Den Bräter bei mittlerer Temperatur auf dem Herd erhitzen. Schalotten und Knoblauch zufügen und unter häufigem Rühren ca. 2 Minuten braten, bis beides weich ist. Für die Vinaigrette Brühe, Essig und Walnussöl angießen. Bei hoher Temperatur zum Kochen bringen und mit einem Kochlöffel den Bratensatz vom Boden lösen. Dann abschmecken und bei Bedarf nachwürzen.

In einer großen Schüssel Salat, Brotwürfel, Walnusskerne und Cranberrys vermengen. Mit der Vinaigrette vermischen. Den Salat auf einzelne Teller verteilen. Das Hähnchen vierteln, auf den Salat geben und servieren.

FÜR 4 PERSONEN

GEGRILLTES STEAK MIT CHIMICHURRI

In Argentinien, wo gegrilltes Fleisch sehr beliebt ist, ist Salsa Chimichurri eine verbreitete Würze. Die Säure und anregenden Knoblauch- und Kräuteraromen der Sauce harmonieren aber nicht nur mit Rindfleisch, sondern passen auch zu Hähnchen, Fisch und Gemüse.

ZUTATEN

FÜR DIE CHIMICHURRI

30 g frische glatte Petersilie, abgezupft

30 g frischer Koriander, abgezupft

3 EL frischer Majoran, abgezupft

4 Knoblauchzehen

Salz

Schwarzer Pfeffer, frisch gemahlen

3 EL Champagneressig

125 ml Olivenöl, extra vergine

½ rote Paprika, geröstet, geschält, entkernt und fein gewürfelt

1 EL Chiliflocken (optional)

AUSSERDEM

3 Rumpsteaks à 250 g, 2,5 cm dick

Salz

Schwarzer Pfeffer, frisch gemahlen

Olivenöl, extra vergine zum Einpinseln

KÜCHENHELFER

1 Küchenmesser, 1 Standmixer, 1 Pfannenwender, 1 Holzkohle- oder Gasgrill oder 1 Grillpfanne, 1 Küchenzange, 1 Schneidebrett

GETRÄNKEEMPFEHLUNG

Wir grillen vor allem deshalb so gerne Steaks, weil wir dann einen guten Vorwand haben, um unsere liebsten Rotweine zu trinken. Meistens entkorken wir dazu einen Sauvignon Blanc aus irgendeiner der vielen Gegenden, in denen er hergestellt wird. Aber die scharfe, pikante Chimichurri spricht auch für einen würzigen Weißwein, sodass ein argentinischer Malbec eine weitere gute Wahl ist.

Für die Chimichurri Petersilie, Koriander, Majoran und Knoblauch im Standmixer grob zerkleinern. Mit Salz und Pfeffer würzen. Den Essig zugeben und weiter pürieren. Währenddessen das Olivenöl angießen und mixen, bis sich alles gut vermischt hat. In eine kleine Servierschüssel geben. Die geröstete Paprika und nach Belieben die Chiliflocken zufügen. Gut abdecken und stehen lassen, während die Steaks zubereitet werden, oder über Nacht in den Kühlschrank stellen. 20 Minuten vor dem Grillen aus dem Kühlschrank nehmen.

Überschüssiges Fett von den Steaks entfernen. Dabei ein 2,5 cm großes Stück zum Einfetten des Grillrosts aufbewahren. Die Steaks großzügig mit Salz und Pfeffer würzen und mit Olivenöl einpinseln.

Den Grill auf hohe Temperatur vorheizen. Mithilfe einer Zange den Rost mit dem aufbewahrten Fett einreiben; es sollte sofort zischen und schmelzen. Die Steaks über die heißeste Stelle des Feuers legen und unter einmaligem Wenden grillen, bis Rostabdrücke sichtbar werden. Dies dauert pro Seite je nach Belieben 4–6 Minuten.

Das Fleisch auf ein Schneidebrett legen, mit Aluminiumfolie abdecken und 5 Minuten ruhen lassen. Die Steaks entgegen der Faser in Scheiben schneiden und auf einer Servierplatte anrichten. Bratensauce vom Schneidebrett über das Fleisch gießen. Etwas Chimichurri darübergeben und servieren. Die restliche Sauce auf den Tisch stellen.

FÜR 6 PERSONEN

GEBRATENE ENTENBRUST
MIT RHABARBERKOMPOTT

Wir verwenden für dieses Gericht chinesisches Fünf-Gewürze-Pulver: eine Mischung aus wärmenden, duftenden Gewürzen, die fleischiger Entenbrust einen exotischen und faszinierenden Geschmack geben. Halten Sie im Frühling und Frühsommer auf dem Markt Ausschau nach festen, rosaroten Rhabarberstangen.

ZUTATEN

4 Entenbrusthälften à 220 g, ohne Knochen

1 TL chinesisches Fünf-Gewürze-Pulver

1 TL Salz

½ TL Pfeffer, frisch gemahlen

1 große Bio-Orange

4–5 Rhabarberstangen (315 g Gesamtgewicht),

in 1 cm große Stücke geschnitten

105 g brauner Zucker

1 Stück Zimtstange, 7,5 cm lang

Eiswürfel

KÜCHENHELFER

1 Küchenmesser, verschiedene Rührschüsseln, 1 Reibe, 1 Zitronenpresse, 1 Topf, 1 Schaumlöffel, 1 große Pfanne, 1 Schneidebrett

GETRÄNKEEMPFEHLUNG

Die Ente ist der beste Freund des Rotweins und fast alle Sorten passen dazu. Pinot Noir von überall, Grenache aus den USA, Australien oder vom südlichen Rhône-Gebiet Frankreichs, Sangiovese aus Mittelitalien, oder Tempranillo aus Spanien. Sie alle passen gut zu diesem Gericht.

Mit einem scharfen Küchenmesser die Haut der Entenbrusthälften leicht über Kreuz einschneiden. In einer kleinen Schüssel die Gewürzmischung, Salz und Pfeffer vermengen. Die Entenbrüste von beiden Seiten mit der Mischung einreiben und 30 Minuten bei Zimmertemperatur ziehen lassen.

Die Schale der Orange fein abreiben und dann 125 ml Orangensaft auspressen. Wenn nötig mit Wasser auffüllen. Abrieb und Saft in einem Topf bei mittlerer Temperatur zusammen mit Rhabarber, braunem Zucker und der Zimtstange unter häufigem Rühren zum Kochen bringen. Die Temperatur etwas reduzieren und unter gelegentlichem Umrühren ca. 8 Minuten köcheln lassen, bis der Rhabarber zart ist.

Eine große Schüssel mit Eiswasser füllen. Mithilfe eines Schaumlöffels den Rhabarber in eine Schale geben und diese in das Eiswasser stellen. Den Saft bei hoher Temperatur ca. 5 Minuten kochen, bis er zu Sirup wird. Dann mit dem Rhabarber vermengen und die Zimtstange entsorgen.

Die Entenbrüste mit der Hautseite nach unten in eine große Pfanne geben und bei mittlerer Temperatur ca. 7 Minuten braten, bis die Haut goldbraun und das Fett ausgelassen ist. Die Ente auf einen Teller geben und das meiste Fett wegschütten. Die Entenbrüste mit der Haut nach oben bei gleichbleibender Temperatur zurück in die Pfanne geben und weiterbraten, bis auch die Unterseite gebräunt ist. Dies dauert ca. 7 Minuten für englisch gebratenes Fleisch, nach Belieben die Bratzeit verlängern.

Das Entefleisch auf ein Schneidebrett geben und 5 Minuten ruhen lassen. Jede Brust gegen die Faser in dünne Scheiben schneiden und diese zusammen mit dem Kompott auf Tellern anrichten und servieren.

FÜR 4 PERSONEN

IN KRÄUTERN GEBRATENE SCHWEINELENDE

Servieren Sie dieses einfache, von der toskanischen Küche inspirierte Gericht mit gebratenen Rosmarinkartoffeln (Seite 184) sowie einem guten italienischen Rotwein, am besten aus der Toskana. Es empfiehlt sich ein Chianti Classico.

ZUTATEN

3 große Knoblauch-zehen, fein gehackt	1 Schweinelendenbraten (1,75–2 kg), mit Knochen
1½ EL frische Rosmarin-blätter, fein gehackt	3 EL Olivenöl, extra vergine
1½ EL frische Salbei-blätter, fein gehackt	1 kleine gelbe Zwiebel, halbiert und in Scheiben geschnitten
1½ EL Fenchelsamen, zerdrückt	180 ml trockener Weiß-wein, z.B. Pinot Grigio, oder trockener Wermut
Salz	
Pfeffer, frisch gemahlen	

KÜCHENHELFER

1 Küchenmesser, 1 kleine Rührschüssel, 1 Gemüsemesser, 1 Bräter, 1 digitales Braten-thermometer, 1 Schneidebrett, 1 Kochlöffel

Den Ofen auf 165 °C vorheizen.

In einer kleinen Schüssel Knoblauch, Kräuter und Fenchelsamen vermengen und mit Salz und Pfeffer würzen. Mit einem Gemüsemesser den Braten rundum 1 cm tief einschneiden und in jede Öffnung etwas von der Kräutermischung füllen. Den Braten mit der restlichen Kräuter-mischung einreiben und mit 1½ Esslöffeln Olivenöl bestreichen. Das Fleisch in einen Brä-ter geben, der gerade groß genug ist, dass der Braten hineinpasst.

Das Fleisch 45 Minuten im Ofen braten. Dann in einer Schüssel die Zwiebel mit dem übrigen Olivenöl vermengen und rund um den Braten verteilen. Ca. 50 Minuten weiterbraten, bis ein digitales Bratenthermometer an der dicksten Stelle des Fleischs, fern vom Knochen, 60 °C misst oder das Fleisch innen blassrosa ist. Den Braten auf ein Schneidebrett legen, mit Alumi-niumfolie abdecken und vor dem Anschneiden 15 Minuten ruhen lassen.

In der Zwischenzeit den Großteil des Braten-fetts entsorgen und den Bräter bei mittlerer Temperatur auf den Herd stellen. Das übrige Fett mit Wein ablöschen und mit einem Koch-löffel den Bratensatz lösen. Köcheln lassen, bis die Sauce etwas reduziert ist.

Den Braten tranchieren und auf einer Servier-platte anrichten. Die Sauce über das Fleisch geben und servieren.

FÜR 6 PERSONEN

PAELLA

Servieren Sie dieses farbenfrohe spanische Gericht entweder auf einer Servierplatte oder direkt aus der Pfanne. Wenn Sie bei Ihrem Fischhändler Miesmuscheln bekommen können, verwenden Sie diese anstelle von oder als Ergänzung zu den Venusmuscheln.

ZUTATEN

2 EL Olivenöl, extra vergine

500 g spanische Chorizo, in 1 cm dicke Scheiben geschnitten

1 gelbe Zwiebel, gehackt

1 rote Paprika, entkernt und gehackt

3 Knoblauchzehen, gehackt

Salz

Pfeffer, frisch gemahlen

440 g langkörniger weißer Reis, z.B. Basmati

½ TL Safranfäden (optional)

1 l Hühnerbrühe

500 g–1 kg kleine Venusmuscheln, z.B. Manila, geputzt

500 g Riesengarnelen, geschält und entdarmt

155 g junge Erbsen (TK)

Zitronenspalten zum Servieren

KÜCHENHELFER

1 Küchenmesser, 1 Gemüsemesser, 1 große Pfanne oder 1 Paellapfanne

GETRÄNKEEMPFEHLUNG

Auch wenn dieses Gericht voll von Meeresfrüchten ist, verlangt es nach einem Rotwein. Das liegt daran, dass die Paella durch ihre Safran- und Röstaromen perfekt zu dem tief beerigen, angenehm warmen Charakter von spanischem Rioja, Ribera del Duero oder Toro passt. Leichtere Rotweine sind ebenso gut geeignet, beispielsweise ein pfeffriger Beaujolais oder Côtes du Rhône.

Das Öl in einer großen Pfanne oder Paellapfanne bei mittlerer Temperatur erhitzen. Die Chorizo zufügen und unter gelegentlichem Wenden ca. 3 Minuten braten, bis beide Seiten gebräunt sind. Zwiebel, Paprika und Knoblauch in die Pfanne geben und 3–4 Minuten anschwitzen, bis sie weich sind. Mit Salz und Pfeffer würzen. Reis und Safran zufügen und unter Rühren ca. 2 Minuten braten, bis alles gut vermengt ist. Die Brühe angießen und 1½ Teelöffel Salz einrühren. Zum Kochen bringen und dann die Temperatur reduzieren. Abgedeckt ca. 20 Minuten köcheln lassen, bis der Reis die gesamte Flüssigkeit aufgenommen hat.

Die Venusmuscheln mit der zu öffnenden Seite nach oben in den Reis drücken. Alle Muscheln entsorgen, die nicht fest geschlossen sind. Die Garnelen auf den Reis geben und zum Schluss die Erbsen zufügen. Abdecken und ca. 5 Minuten köcheln, bis die Garnelen nicht mehr glasig sind und sich die Muscheln geöffnet haben. Ungeöffnete Muscheln entsorgen. Zusammen mit den Zitronenspalten am Tisch servieren.

FÜR 4–6 PERSONEN

PFEFFERSTEAK

Für eine leichtere Variante dieses Gerichts lassen Sie Cognac, Crème double und Estragon weg. Braten Sie 250 g dünn geschnittene Champignons ca. 5 Minuten zusammen mit den Schalotten, bis sie weich sind. Mit Salz und frisch gemahlenem Pfeffer würzen.

ZUTATEN

1 EL Pfefferkörner

1 EL grobes Meersalz

4 Rib-Eye- oder Rumpsteaks à 185 g, 2,5 cm dick

3 EL Butter

1 EL Rapsöl

2 Schalotten, in dünne Ringe geschnitten

80 ml Cognac oder Brandy

80 g Crème double

1 TL frischer Estragon, gehackt (optional)

Salz

Pfeffer, frisch gemahlen

KÜCHENHELFER

1 Küchenmesser, 1 Nudelholz, 1 kleine Rührschüssel, 1 große Pfanne oder 2 mittlere Pfannen, 1 Kochlöffel

GETRÄNKEEMPFEHLUNG

Dieser französische Bistro-Klassiker passt perfekt zu vollmundigen, normal fruchtigen Rotweinen, die einen Hauch nach Pfeffer schmecken und daher gut zum Steak passen. Probieren Sie einen auf Cabernet basierenden Bordeaux (er braucht nicht teuer zu sein), einen Cabernet Franc aus dem Loiretal oder Ihren Lieblingscabernet aus Chile, Kalifornien, Westaustralien oder Washington.

Die Pfefferkörner in einen kleinen, wiederverschließbaren Gefrierbeutel füllen und mit einem Nudelholz grob zerstoßen. Den Pfeffer zusammen mit dem Meersalz in einer kleinen Schüssel vermengen. Die Steaks damit von beiden Seiten gleichmäßig und fest einreiben.

2 Esslöffel Butter und das Rapsöl in einer großen Pfanne (oder in 2 mittleren) bei hoher Temperatur erhitzen. Die Steaks zugeben und unter einmaligem Wenden je nach Belieben braten. Für ein englisches Steak insgesamt 6–8 Minuten braten. Dann das Fleisch auf einen Teller geben und mit Aluminiumfolie abdecken.

Die restliche Butter in die Pfanne geben und bei mittlerer Temperatur die Schalotten ca. 2 Minuten anschwitzen, bis sie weich sind. Cognac, Crème double und Estragon einrühren und zum Kochen bringen. Mit einem Kochlöffel umrühren und dabei den Bratensatz lösen. Die Temperatur reduzieren und ca. 1 Minute köcheln lassen, bis die Sauce angedickt ist. Nach Belieben mit Salz und Pfeffer würzen. Die Steaks auf einzelne Teller geben, die Sauce darübergießen und servieren.

FÜR 4 PERSONEN

MEDITERRANE LAMMKEULE
MIT GRANATAPFEL UND MINZE

Nachdem Sie die Keulen angebraten und sich die Aromastoffe entfaltet haben, schmort das Fleisch im Ofen, bis es zart ist. So haben Sie währenddessen genügend Zeit, andere Gerichte vorzubereiten oder die Füße hochzulegen, um ein Buch zu lesen. Servieren Sie das Lamm mit grünem Kräuter-Couscous (Seite 152) und schon haben Sie ein schnelles und leckeres Gericht.

ZUTATEN

4–6 Lammkeulen
à 500 g, vom Großteil
des Fetts befreit

Salz

Pfeffer, frisch gemahlen

2 EL Olivenöl,
extra vergine

1 große gelbe Zwiebel,
fein gehackt

2 Stangen Zimt

6 ganze Nelken

10 Pimentkörner

60 ml Brandy

470 g gewürfelte
Tomaten (Dose),
ohne Flüssigkeit

125 ml Rinderbrühe

2 EL frische Minze,
grob gehackt

30 g Granatapfelkerne

KÜCHENHELFER

1 Küchenmesser, 1 Durchschlag, 1 großer,
flacher Bratentopf, 1 Küchenzange, 1 Kochlöffel,
1 feines Sieb, 1 kleiner Topf

Den Ofen auf 165 °C vorheizen. Die Lammkeulen mit Salz und Pfeffer würzen. Das Öl in einem Bratentopf bei mittlerer Temperatur erhitzen. In mehreren Durchgängen die Lammkeulen 8–10 Minuten anbraten, bis sie von allen Seiten gebräunt sind. Auf einen Teller geben.

Den Großteil des Bratfetts entsorgen und den Topf bei mittlerer Temperatur wieder auf die Herdplatte stellen. Zwiebel, Zimt, Nelken und Piment ca. 7 Minuten anbraten, bis die Zwiebel goldbraun ist. Den Brandy angießen und mit einem Kochlöffel umrühren, dabei den Bratensatz lösen. Tomaten und Brühe einrühren. Dann die Lammkeulen zusammen mit dem Fleischsaft, der sich auf dem Teller gesammelt hat, in den Topf geben. Abdecken und im Ofen 2½–3 Stunden schmoren, bis das Fleisch zart ist.

Anschließend die Lammkeulen auf einen Teller geben. Den Bratensaft durch ein feines Sieb in einen kleinen Topf seihen und für eine Weile stehen lassen. Mit einem großen Löffel Fett von der Oberfläche schöpfen. Dann die Sauce aufkochen und ca. 5 Minuten bei hoher Temperatur köcheln, bis sie ca. auf die Hälfte reduziert ist. Das Fleisch vom Knochen lösen und mit 2 Gabeln auseinanderzupfen.

Zum Servieren das Fleisch in eine Schüssel geben oder direkt auf einzelne Teller verteilen. Etwas Bratensauce darübergießen und mit Minze und Granatapfel garnieren.

FÜR 6 PERSONEN

STÄNGELKOHL MIT KNOBLAUCH UND SARDELLEN

Es kostet nie Überwindung, gesundes Gemüse zu essen, wenn es von einer verlockenden Mischung aus Knoblauch, Sardellen und Zitronensaft begleitet wird. In den Genuss dieser leckeren Beigabe kommen bei uns verschiedene Gemüse – Grünkohl, Spargel, grüne Bohnen, Erbsen, Spinat oder Mangold –, diese servieren wir dann als Beilage zu unseren liebsten Grillfleischgerichten.

ZUTATEN

Salz

750 g Stängelkohl, geputzt

60 ml Olivenöl, extra vergine

2 große Knoblauchzehen, jede längs in 4 Scheiben geschnitten

2 Sardellenfilets, in Olivenöl eingelegt

¼ TL Chiliflocken

¼ Zitrone

Pfeffer, frisch gemahlen

KÜCHENHELFER

1 Küchenmesser, 1 großer Topf,
1 Durchschlag, 1 Pfanne, 1 Schaumlöffel

In einem großen Topf Salzwasser zum Kochen bringen und den Stängelkohl hineingeben. 2–3 Minuten blanchieren, bis die Stängel zart, aber noch bissfest sind. In einen Durchschlag abgießen und unter kaltem Wasser abschrecken. Dann das Grün leicht ausdrücken, um überschüssiges Wasser zu entfernen.

Bei mittlerer Temperatur 3 Esslöffel Öl in einer Pfanne erhitzen. Den Knoblauch zugeben und unter gelegentlichem Rühren 2–3 Minuten anbraten, bis er etwas Farbe genommen hat. Mithilfe eines Schaumlöffels den Knoblauch aus der Pfanne nehmen und auf einem kleinen Teller beiseitestellen.

Die Sardellen in die Pfanne geben und die Temperatur etwas reduzieren. Ca. 1 Minute braten und dabei mit einer Gabel stark zerkleinern. Den Stängelkohl zugeben und gut mit den zerkleinerten Sardellen vermengen. Die Chiliflocken zufügen und ca. 2 Minuten unter gelegentlichem Durchmengen braten, bis der Kohl erhitzt ist. Dann in eine Servierschüssel geben.

Den Kohl mit dem restlichen Olivenöl beträufeln und dann die Zitrone darüber auspressen. Mit Salz und Pfeffer abschmecken. Je nach Belieben den Knoblauch zugeben und servieren.

FÜR 4 PERSONEN

In der Küche mit

MOLLY WIZENBERG & BRANDON PETTIT

Lieblingsessen für besondere Anlässe
Zwei Dungeness-Krebse und dazu sprudelnde Getränke.

Während des Essens immer auf dem Tisch
Maldonsalz, eine Pfeffermühle und von unserer Freundin Hanna genähte Untersetzer und Leinenservietten, die wir zu unserer Hochzeit geschenkt bekommen haben.

Das Nummer-1-Gericht für Gäste
Pfannengarnelen mit Sriracha, Zitronenabrieb, Butter und Kräutern. Ein Laib Sauerteigbrot. Eine Rolle Küchenpapier sollte mit auf dem Tisch stehen. Weißwein. Und ein Fruchtcrumble zum Dessert.

Kulinarische Geheimwaffe
Essig. Schon ein kleiner Spritzer kann ein Gericht aufpeppen, ohne dass Sie ihn überhaupt bemerken.

Das gemeinsame Küchenglück bewahren
Teile und herrsche. Jedes Mal wenn wir zusammen kochen, teilen wir einander die Aufgaben zu. Auf diese Weise trägt jeder zum Gelingen bei, aber es gibt keine Unklarheiten und man stolpert nicht übereinander. Außerdem: Auch ein Bier zu teilen tut nicht weh.

Immer im Kühlschrank vorrätig
Cheddar, Wermut, Erdnussbutter, Marmelade, scharfe Sauce, Eier und Hummus.

Liebstes Küchenutensil
Ein scharfes Küchenmesser und ein Riesenberg Geschirrtücher.

ZWEIERLEI KNUSPRIGE ROSMARINKARTOFFELN

In diesem Rezept kochen wir die Kartoffeln, bis sie zart sind und verhelfen ihnen dann zu einer wunderbar knusprigen Konsistenz, indem wir sie im Ofen oder in der Pfanne zu Ende garen. Wählen Sie die Methode, mit der Sie am besten zurechtkommen.

ZUTATEN

1 kg festkochende Kartoffeln	60 ml Olivenöl, extra vergine
Salz	2 frische Rosmarin-zweige (optional)

KÜCHENHELFER

1 Gemüsemesser, 1 großer Topf,
1 Durchschlag, optional: 1 große Rührschüssel,
1 tiefes Backblech, optional: 1 Küchenmesser,
1 Pfannenwender, optional: 1 große
gusseiserne Pfanne

Sollen die Kartoffeln im Ofen gebraten werden, diesen auf 200 °C vorheizen.

Die ungeschälten Kartoffeln in 2,5 cm dicke Würfel schneiden. In einem großen Topf Salzwasser zum Kochen bringen, die Kartoffeln ins Wasser geben und die Temperatur reduzieren. Ca. 10 Minuten köcheln lassen, bis die Kartoffeln weich sind, aber immer noch ihre Form behalten. Es ist nicht schlimm, wenn sich die Schale löst oder die Kartoffeln etwas auseinanderfallen. Dann abgießen.

Für das Rösten im Ofen die gekochten Kartoffelwürfel in einer großen Schüssel im Olivenöl schwenken. Dann die Kartoffeln nebeneinander in ein tiefes Backblech geben, ohne dass sie sich berühren. Die Rosmarinblättchen von den Zweigen zupfen, grob hacken und gleichmäßig über die Kartoffeln streuen. Mit 2 Teelöffeln Salz würzen und in den Ofen geben. Nach 10 Minuten die Kartoffelwürfel wenden. Weitere 15 Minuten rösten und gelegentlich wenden, sodass sie rundum Farbe bekommen. Wenn sie am Blech festkleben, mit einem Pfannenwender lösen.

Sollen die Kartoffeln in der Pfanne gebraten werden, die gekochten Würfel auf einem tiefen Backblech abkühlen lassen. Das Olivenöl in einer gusseisernen Pfanne bei mittlerer Temperatur erwärmen. In mehreren Durchgängen eine Lage Kartoffeln nebeneinander in der Pfanne insgesamt 14–16 Minuten braten. Dabei gelegentlich wenden, sodass sie am Ende gleichmäßig von allen Seiten goldbraun sind. Auf einen Teller geben und warm halten. Diesen Vorgang mit den restlichen Kartoffeln wiederholen. Die gebratenen Kartoffeln anschließend mit 2 Teelöffeln Salz würzen.

Bei beiden Methoden können die Kartoffeln sofort serviert oder im Ofen bei 120 °C bis zu 20 Minuten warm gehalten werden.

FÜR 4 PERSONEN

GEBRATENER BLUMENKOHL
MIT ZITRONE UND OLIVEN

In diesem Rezept bekommt milder Blumenkohl einen Geschmacksschub durch grüne Oliven und einen Hauch herben Zitronenabrieb. Wenn Sie ihn bekommen können, verwenden Sie Romanesco, der schöne spitz zulaufende, hellgrüne Blüten hat und ein wenig süßer im Geschmack ist als weißer Blumenkohl.

ZUTATEN

1 Blumenkohlkopf (750 g)	75 g entsteinte grüne Oliven, z.B. Cerignola, grob gehackt
80 ml Olivenöl, extra vergine	Salz
Abrieb von 1 Bio-Zitrone	Pfeffer, frisch gemahlen

KÜCHENHELFER

1 Reibe, 1 Küchenmesser, 1 flacher Bräter

Den Ofen auf 200 °C vorheizen.

Den Blumenkohl in 5 cm große Röschen zerteilen. In einen flachen Bräter geben, der groß genug ist, dass die Röschen in einer einzelnen Lage nebeneinanderliegen können. Olivenöl, Zitronenabrieb und Oliven zugeben. Mit Salz und Pfeffer würzen und gut vermengen. Die Zutaten so verteilen, dass sie nicht übereinanderliegen.

Den Blumenkohl ca. 15 Minuten im Ofen braten, bis er etwas Farbe genommen hat und zart ist. Währenddessen gelegentlich durchmengen. In eine Schüssel geben und servieren.

FÜR 4 PERSONEN

GESCHMORTE ROTE BETE MIT ORANGE
UND KRÄUTERZIEGENKÄSE

Die Kombination aus würzigem Kräuterziegen-käse und süßer, erdiger Roter Bete ist eine Er-findung des Himmels. Für eine bunte Mischung auf dem Teller verwenden Sie verschiedene Rüben (Gelbe oder Weiße Bete). Sie können die einzelnen Zutaten auch gut vorher zubereiten.

ZUTATEN

1 Bio-Orange

750 g Rote Bete, das Grün entfernt

3 EL Olivenöl, extra vergine

2 Knoblauchzehen

Salz

Pfeffer, frisch gemahlen

60 g frischer Ziegenkäse

1½ TL frischer Schnittlauch, gehackt

1½ TL frische glatte Petersilie, gehackt

½ TL frischer Estragon, gehackt

KÜCHENHELFER

1 Küchenmesser, 1 Zester, 1 Backform,
1 Gemüsemesser, 2 kleine Rührschüsseln,
1 Zitronenpresse, 1 Schneebesen

Den Ofen auf 200 °C vorheizen.

Aus der Orangenschale feine Zesten schneiden und beiseitestellen. Die Orange halbieren und eine Hälfte beiseitestellen. Die andere Hälfte in eine Backform geben, die gerade groß genug ist, um darin die Rote Bete in einer einzelnen Lage nebeneinander zu platzieren. Die Rote Bete hineingeben und mit 2 Esslöffeln Olivenöl be-träufeln. Knoblauch zufügen und alles mit et-was Salz und Pfeffer würzen. Gut vermischen. Die Form mit Aluminiumfolie abdecken und ca. 45 Minuten schmoren, bis die Bete gar ist. Aus dem Ofen nehmen und abkühlen lassen.

In einer kleinen Schüssel den Ziegenkäse mit den Kräutern und je 1 Prise Salz und Pfeffer vermengen. Abdecken und bis zum Servieren kalt stellen.

Nachdem die Rote Bete abgekühlt ist, mit dem Gemüsemesser die Schale entfernen. Die Bete dann in 5 mm dicke Spalten schneiden. Auf einer Servierplatte anrichten.

Für das Dressing den Saft aus der geschmorten Orangenhälfte in eine kleine Schüssel pressen und das übrige Olivenöl einrühren. Je nach Belieben auch den Saft der zurückgestellten Orange dazupressen und das Dressing auf Zim-mertemperatur abkühlen lassen.

Die Rote Bete mit etwas Dressing beträufeln und mit Salz und Pfeffer abschmecken. Den Kräuterziegenkäse in kleinen Portionen auf die Bete geben, mit dem Orangenabrieb garnieren und servieren.

FÜR 4 PERSONEN

CRÈME BRÛLÉE MIT KARDAMOM

Der charakteristische Geschmack von Kardamom und Vanille verfeinert diese simple Creme, die Sie einfach einen Tag vor dem Servieren zubereiten können, sodass sie gut durchgekühlt ist, wenn Sie die leicht gezuckerte Oberfläche karamellisieren.

ZUTATEN

500 g Crème double

1 Vanilleschote, der Länge nach eingeschnitten

2 Kardamomkapseln, geöffnet

6 große Eigelb

140 g feinster Zucker

1 Prise Salz

KÜCHENHELFER

1 Gemüsemesser, 1 Back- oder Auflaufform, 4 Auflaufförmchen à 180 ml, 1 Topf, 1 Rührschüssel, 1 Schneebesen, 1 feines Sieb, 1 Messbecher (500 ml Fassungsvermögen), 1 Gitterrost, 1 tiefes Backblech, optional: 1 Crème-Brûlée-Brenner

Den Ofen auf 165 °C vorheizen. Eine Backform (5–6 cm hoch) wählen, die groß genug ist, um 4 kleine Förmchen zu fassen. Mit einem dünnen Geschirrtuch auskleiden.

Crème double, Vanilleschote und Kardamomkapseln mit den Samen in einem Topf bei mittlerer Temperatur erhitzen. Aufkochen und 1 Minute köcheln lassen. Die Vanilleschote entnehmen, das Mark herauskratzen und in die Creme geben. Unter häufigem Rühren 3–4 Minuten weiterköcheln. Dann von der Herdplatte nehmen und leicht abkühlen lassen.

In einer Schüssel die Eigelbe, 90 g Zucker und das Salz ca. 2 Minuten verrühren, bis die Masse dickflüssig ist. Langsam unter Rühren zur warmen (nicht heißen) Creme geben. Dann durch ein feines Sieb in einen Messbecher gießen. Blasen von der Oberfläche abschöpfen. Die Creme gleichmäßig auf die Auflaufförmchen verteilen. Diese in die vorbereitete Backform geben und die Form mit heißem Wasser füllen, bis es zur Hälfte der Außenseite der Förmchen reicht. Lose mit Aluminiumfolie abdecken.

Die Creme 20–25 Minuten im Ofen backen, bis sie außen fest ist, aber in der Mitte noch wackelt, wenn man die Förmchen vorsichtig anstößt. Die Backform zum Abkühlen auf einen Gitterrost stellen. Die Förmchen aus dem Wasser nehmen und auf dem Gitter 1 Stunde abkühlen lassen. Gut abdecken und mindestens 3 Stunden oder über Nacht kalt stellen.

Vor dem Servieren den Ofen mit zugeschalteter Grillfunktion vorheizen. Jedes Cremeschälchen mit 1 Esslöffel des übrigen Zuckers bestreuen. Die Schälchen auf ein tiefes Backblech stellen und mit einem Abstand von 10 cm zum Heizelement 1–2 Minuten in den Ofen geben, bis der Zucker karamellisiert. (Alternativ einen Crème-Brûlée-Brenner benutzen.) Sofort servieren.

FÜR 4 PERSONEN

HIMBEEREN IN ZITRONENGRASSIRUP

Diese neue Variante der klassischen Kombination aus Beeren und Sahne profitiert von den Unmengen an süßen, saftigen Himbeeren frisch vom Markt. Anstelle der Himbeeren können Sie auch 6 geschälte und in Scheiben geschnittene Pfirsiche verwenden.

ZUTATEN

1 Stängel Zitronengras	1 kg Himbeeren
90 g Zucker	Geschlagene Sahne
80 ml Wasser	zum Servieren

KÜCHENHELFER

1 Rührschüssel, 1 Schneebesen oder
1 Handrührgerät, 1 Küchenmesser, 1 kleiner
Topf, 1 feines Sieb, 1 große Rührschüssel

Vom Zitronengras den Strunk und die grasige Spitze abschneiden. Dann die äußeren trockenen Blätter entfernen. Den unteren Ansatz des Stängels mit einem Messerrücken leicht andrücken, sodass die Aromen freigesetzt werden.

Zucker und Wasser in einem Topf bei mittlerer Temperatur aufkochen. Unter gelegentlichem Rühren ca. 2 Minuten köcheln lassen, bis sich der Zucker aufgelöst hat. Von der Herdplatte nehmen und das Zitronengras zugeben. Abgedeckt ca. 30 Minuten stehen lassen, bis die Mischung komplett ausgekühlt ist.

Den Sirup durch ein Sieb in eine große Schüssel seihen und mit der Rückseite eines Löffels das Zitronengras ausdrücken, um so viel Saft wie möglich auszupressen.

Die Himbeeren zu dem Sirup geben und gut miteinander vermengen. Die Mischung auf einzelne Schüsseln verteilen, mit etwas geschlagener Sahne garnieren und servieren.

FÜR 6 PERSONEN

ERDBEER-RHABARBER-GALETTES

Erdbeeren und Rhabarber sind eine klassische Frühlingskombination. Dieses Rezept ergibt zwei Galettes. Sie können die Mengenangaben aber auch halbieren, wenn Sie eine kleinere Kaffeegesellschaft haben. Servieren Sie jedes Stück mit einer Kugel Eiscreme.

ZUTATEN

10–12 Rhabarberstängel (750 g–1 kg Gesamt-gewicht), in 1 cm große Stücke geschnitten

250 g Zucker

Etwas Mehl zum Bestäu-ben der Arbeitsfläche

2 Platten Blätterteig (TK) à 280 g, nach Packungsanweisung aufgetaut

1 kg Erdbeeren, geputzt und halbiert

Puderzucker zum Bestäuben

KÜCHENHELFER

1 Gemüsemesser, 1 Küchenmesser,
1 Topf, 1 Nudelholz, 2 Backbleche,
1 Rührschüssel, 2 Gitterroste,
1 Schneidebrett, 1 feines Sieb

Den Rhabarber und 155 g Zucker in einem Topf vermischen und 30 Minuten ziehen lassen.

Dann den Rhabarber bei mittlerer Temperatur 6–8 Minuten erhitzen und häufig durchrühren, bis er Saft abgibt und weich ist, aber nicht auseinanderfällt. Erscheint die Mischung zu trocken, 2–3 Esslöffel Wasser zufügen. Von der Herdplatte nehmen und abkühlen lassen.

2 Backbleche mit Backpapier auslegen. Auf einer leicht bemehlten Fläche jede der Teig-platten zu einem 40 cm großen Quadrat aus-rollen. Darauf achten, dass der Teig nicht rissig wird. Mit einem Gemüsemesser die Ecken der Teigplatten so abschneiden, dass sich zwei Kreise ergeben. Jeden auf eines der vorbereite-ten Backbleche geben.

Erdbeeren und Rhabarber in einer Schüssel miteinander vermengen. Je die Hälfte der Mischung in die Mitte der beiden Teigkreise geben und gleichmäßig verteilen, sodass ein 5 cm breiter Rand unbedeckt bleibt. Den rest-lichen Zucker über die Fruchtmischungen streuen. Die Ränder des Teigs über die Früchte klappen und leicht andrücken. Bis auf einen ca. 13 cm großen Kreis in der Mitte sollte die Fruchtmischung nun mit Teig bedeckt sein. Dann beide Kuchen für 20 Minuten in den Kühlschrank stellen. In der Zwischenzeit den Ofen auf 180 °C vorheizen.

Die Backbleche aus dem Kühlschrank nehmen und sofort in den Ofen stellen. 20–25 Minuten backen, bis die Teigränder goldbraun sind. Nach der Hälfte der Zeit jeden Kuchen um 180° drehen. Aus dem Ofen nehmen und jedes Back-blech auf einen Gitterrost stellen. 10 Minuten abkühlen lassen. Dann auf eine Kuchenplatte geben und mithilfe eines feinen Siebs mit Pu-derzucker bestäuben. Den Kuchen in Stücke schneiden und warm servieren

FÜR 10–12 PERSONEN

SCHOKOLADEN-BROWNIE-KUCHEN

Das Geheimnis dieses leckeren Kuchens ist gute Schokolade mit einem Kakaogehalt von mindestens 70 Prozent. Zudem sollte der Kuchen mit ungesüßtem Kakaopulver bestäubt werden. Und zum krönenden Abschluss können Sie jedes Stück mit einem Klecks geschlagener Sahne servieren.

ZUTATEN

125 g Butter, zimmer-warm, plus Butter für die Backform

250 g Zucker

2 große Eier, leicht verquirlt

1 TL Vanilleextrakt

1 Prise Salz

125 g Mehl

125 g gute Halb- oder Zartbitterschokolade, grob gehackt

Ungesüßtes Kakao-pulver zum Bestäuben

KÜCHENHELFER

1 Brotmesser, 1 runde Backform (⌀ 20 cm),
1 große Rührschüssel, 1 Handrührgerät,
1 Topf und 1 hitzebeständige Schüssel,
alternativ: 1 Wasserbadtopf, 1 Teigschaber,
1 Zahnstocher, 1 Gitterrost, 1 feines Sieb

Den Ofen auf 180 °C vorheizen. Die Backform mit Alufolie auskleiden und den Rand über-stehen lassen. Dann die Form mit den Händen einbuttern.

Mit einem Handrührgerät die Butter bei mitt-lerer Geschwindigkeit ca. 1 Minute schaumig rühren. Den Zucker zugeben und vermengen. Eier und Vanilleexrakt zufügen und erneut verrühren, bis sich die Zutaten gut vermischt haben. Dann Salz und ½ des Mehls unter-rühren. Das restliche Mehl nacheinander in zwei Durchgängen zugeben, währenddessen weiterrühren.

Die Schokolade über dem Wasserbad erhitzen und unter regelmäßigem Rühren schmelzen. Von der Herdplatte nehmen und 2–3 Minuten abkühlen lassen. Die Schokolade zum Kuchen-teig geben und bei niedriger Geschwindigkeit zu einem cremigen Teig verrühren.

Den Kuchenteig in die vorbereitete Backform geben und die Oberfläche mit einem Teig-schaber glatt streichen. 20–25 Minuten im Ofen backen, bis der Kuchen aufgeht. Mit einem Zahnstocher in die Mitte stechen. Bleiben keine Teigreste haften, ist der Kuchen fertig. Die Form auf einen Gitterrost stellen und komplett auskühlen lassen.

Den kalten Kuchen an den Rändern der Alu-folie aus der Form heben. Umgedreht auf eine Kuchenplatte legen und die Alufolie abziehen. Den Kuchen wieder auf die richtige Seite drehen. Mithilfe eines feinen Siebs mit Kakao-pulver bestäuben, in Stücke schneiden und servieren.

FÜR 8-10 PERSONEN

FESTTAGSKÜCHE

FESTTAGSKÜCHE

Wir betrachten Feiertage als den perfekten Vorwand, um zwei Dinge zu tun, die wir sehr lieben: ein aufwendiges Gericht zu kochen und unsere liebsten Weine zu trinken.

Christie Wir lieben unsere Familien sehr, aber sie leben weit entfernt. Deshalb haben wir kurz nach unserer Hochzeit beschlossen, statt uns ins Flughafengedränge zu stürzen, die großen Feste lieber alleine oder mit ein paar Freunden zu verbringen.

Jordan Champagner ist zu Weihnachten ein Muss. Er passt nämlich perfekt zu Kaviar, den wir uns einmal im Jahr als Luxus gönnen. Wir holen Blinis aus dem Ofen, drapieren den salzigen Kaviar drum herum und genießen so mit einem Glas Champagner in der Hand das Auspacken der Geschenke. Als Nächstes folgen Meeresfrüchte oder Fisch – meistens Jakobsmuscheln oder Steinbutt – etwas Einfaches, das gut zu Weißwein passt. Dann kommt das Hauptgericht, das in den letzten Jahren oft aus Rib-Eye-Steak mit Yorkshire Pudding oder aus Lammkeule bestand.

Christie Bei uns ist jeder Feiertag mit viel Aufwand verbunden, aber Weihnachten bleibt uns immer am meisten im Gedächtnis. Schon seit vielen Jahren treffen wir uns mit denselben lieben Freunden, um gemeinsam zu feiern. Jedes Mal artet es dann in einen Abend aus, der sich am besten mit dem Wort »episch« beschreiben lässt. Wir halten uns bei nichts zurück – weder bei der Zeit, dem Essen oder dem Wein.

Jordan Nach dem Essen folgt mein Lieblingsritual: Wir ziehen uns Jacken an, schenken uns noch ein Glas Champagner ein und machen einen Spaziergang. Der Aufstieg auf den Hügel in der Nähe unseres Hauses wird mit einer tollen Aussicht belohnt. Die Millionen erleuchteten Fenster und Straßenlaternen San Franciscos werden zu unseren Weihnachtslichtern. Wir halten einen Moment inne und betrachten die schimmernde Kulisse. Dann geht es mit dampfendem Atem zurück nach Hause zum Dessert.

IDEEN *für schnelle* HEISSGETRÄNKE

Leckereien an Feiertagen genießen wir gerne mit würzigen, heißen Getränken.
Die schmecken festlich und lecker zugleich und sind für eine Party ebenso
gut geeignet wie für einen lauschigen Abend zu zweit vorm Kamin.

Da es ein wenig extra Aufwand erfordert, heiße Getränke zuzubereiten (es ist nicht ganz so einfach wie Gin, Wermut und Eiswürfel zu mischen), bereiten wir sie oft nur an den Feiertagen zu. Wir wissen allerdings auch, dass nur wenige Dinge so befriedigend sind wie ein heißes Getränk an einem trostlosen Tag. Also rufen wir uns immer wieder in Erinnerung, dass es wirklich nicht so schwer ist, heiße Getränke zuzubereiten, wie diese sechs Ideen beweisen.

MULLED CIDER
Warmer Apfelwein + 1 Zimtstange + Nelken + Apfelspalten.

WÜRZIGER KAFFEE
Aufgebrühter Kaffee + Zimtstangen + Kardamomkapseln.

RAUCHIGER TODDY
Warmer Lapsang-Souchong-Tee + 1 Schuss Brandy + 2 Prisen Zucker + 1 Spritzer frisch gepresster Zitronensaft.

HEISSER BUTTERRUM
Heißes Wasser + 1 Spritzer Rum + 1 Löffel Honig + etwas Butter.

HEISSE SCHOKOLADE
Warme Milch + Kakaopulver + geriebene Zartbitterschokolade + je 1 Prise Zucker, Salz und gemahlener Zimt.

ZITRONENVERBENE-MINZ-TEE
Heißes Wasser + je 1 Handvoll frische Zitronenverbene- und Minzblätter.

Immer zur Feiertagszeit wird einer von uns zum Plätzchenfanatiker und nimmt an jedem Wochenende die Küche in Beschlag. Mehlstaub hängt in der Luft und Backbleche bedecken die Arbeitsflächen. Die meisten Kekse werden verschenkt, aber längst nicht alle.

Wenn Sie das Grundrezept für süße Kekse beherrschen, können Sie sie ganz nach Ihren Vorlieben zubereiten – in verschiedenen Formen, Geschmacksrichtungen und Farben. In der Adventszeit schenken wir unseren Freunden gerne einzigartige, selbst gebackene Keks-kreationen. Außerdem können wir durch das gemeinsame Plätzchenbacken zu Hause die Weihnachtszeit genießen, bevor der Festtags-wahnsinn beginnt.

GRUNDREZEPT FÜR SÜSSE KEKSE

315 g weiche Butter und 185 g Zucker in einer Schüssel schaumig rühren. 1 großes Eigelb und 2 Teelöffel Vanilleextrakt zufügen. 315 g Mehl und ¼ Teelöffel Salz in die Schüssel geben und alles miteinander verrühren, bis ein glatter Teig entsteht. In 4 Portionen aufteilen. Jede zu einer Kugel formen, einzeln in Frischhaltefolie wickeln und mindestens 3 Stunden kalt stellen. Den Ofen auf 180 °C vorheizen. 2 Backbleche mit Butter einfetten oder mit Backpapier auslegen. Jede Teigkugel zwischen zwei Backpapiere legen und 5 mm dick ausrollen. Mit Förmchen Plätz-chen ausstechen und auf die vorbereiteten Back-bleche geben. 10–12 Minuten backen, bis der Teig goldbraun ist. Die Kekse auf einem Gitterrost abkühlen lassen.

SALZIGE SCHOKOLADENVARIANTE

Das Mehl im Grundrezept auf 280 g reduzieren und 45 g ungesüßtes Kakaopulver zugeben. Die Kekse vor dem Backen mit flockigem Meersalz (z.B. Maldon) bestreuen.

ANDERE GESCHMACKSVARIATIONEN

Verwenden Sie anstelle des Vanilleextrakts Zitronenextrakt, Mandelextrakt oder Rum.

BAISER-GLASUR

3 EL Eiweißpulver mit 90 ml warmem Wasser zu einer glatten Masse verrühren. 500 g Puder-zucker zufügen und alles für mehrere Minuten auf hoher Stufe verrühren. Bei Bedarf mehr Wasser zugeben. Je nach Geschmack Lebens-mittelfarbe zufügen. Die Glasur auf die Kekse streichen und mit essbarer Backdekoration verzieren.

ZWEIERLEI DATTELN

In dieser einfachen, aber köstlichen Festtags-vorspeise treffen leckere, süße Datteln auf würzigen Ziegen- und cremigen Blauschim-melkäse. Für das gewisse Geschmacksextra fügen Sie ein Scheibchen spanische Chorizo oder eine andere gekochte, würzige Wurst zur Füllung hinzu.

ZUTATEN

30 kleine Datteln
(z.B. Deglet Nour oder
Medjool)

125 g halbfester
spanischer Ziegenkäse,
vorzugsweise Cabra
al Vino

125 g Gorgonzola oder
Cambozola-Käse

Olivenöl, extra vergine,
zum Beträufeln

KÜCHENHELFER

1 Gemüsemesser, 1 Küchenmesser

GETRÄNKEEMPFEHLUNG

Diese Vorspeise ist voll von großartigen, unterschiedlichen Aromen. Sie braucht einen Wein, der zu den Datteln passt – einen reifen Rotwein, beispielsweise kalifornischer Zinfandel oder Syrah. Alternativ harmonieren auch Côte-du-Rhône-Weine sowie andere südfranzösische Tropfen.

Mit einem scharfen Gemüsemesser die Datteln längs einschneiden und die Kerne entfernen. Beide Käsesorten jeweils in 15 dünne Streifen schneiden, die in die entkernten Datteln passen.

In jede Dattel einen Käsestreifen geben und die Öffnung zusammendrücken. Die Datteln auf einer Servierplatte anrichten. (Die Platte kann abgedeckt bei Zimmertemperatur meh-rere Stunden stehen, bevor sie serviert wird.)

Die Datteln direkt vor dem Servieren mit Olivenöl beträufeln.

ERGIBT 30 GEFÜLLTE DATTELN FÜR 6–8 PERSONEN

FEIGEN IM PROSCIUTTOMANTEL

Frische Feigen haben eine kurze Saison zu Beginn des Sommers und eine zweite, längere im Spätherbst oder frühen Winter. Sie sollten reif gepflückt und gekauft werden, da sie nach der Erne nicht mehr nachreifen. Wählen Sie duftende, feucht aussehende Früchte, die bei sanftem Druck leicht nachgeben.

ZUTATEN

16 reife Feigen, z.B. Black Mission oder Adriatic

8 hauchdünne Scheiben Prosciutto

Alter Balsamicoessig

KÜCHENHELFER

1 Gemüsemesser, 1 Küchenmesser

Die Stiele der Feigen entfernen und die Früchte der Länge nach in zwei Hälften teilen. Jede Prosciuttoscheibe vierteln und je ein Viertel um eine Feigenhälfte wickeln.

Die eingewickelten Feigen auf einer Servier-platte anrichten, mit Balsamico beträufeln und servieren.

FÜR 8 PERSONEN

GARNELENCOCKTAIL MIT BALSAMICO

Hier wird die klassische Cocktailsauce von einem Hauch Balsamicoessig aufgewertet. Diese leckere Mischung passt gut zu den Garnelen. Aber auch Krabben, Hummer oder rohe Austern lassen sich hervorragend damit verfeinern. Sowohl die Garnelen als auch die Sauce können Sie im Voraus zubereiten.

ZUTATEN

FÜR DIE COCKTAILSAUCE

1 TL Zitronensaft, frisch gepresst

160 ml Tomatenketchup

1–2 TL Tafel-Meerrettich (Glas)

1 TL Sojasauce

½ TL Balsamicoessig

½ TL Worcestersauce

¼ TL Senfmehl

1 Spritzer Chilisauce

AUSSERDEM

1 Zitrone

½ TL Pfefferkörner

16–20 Riesengarnelen (500 g Gesamtgewicht), in der Schale

KÜCHENHELFER

1 Küchenmesser, 1 Zitronenpresse, verschiedene Rührschüsseln, 1 Schneebesen, 1 großer Topf, 1 Durchschlag, 1 scharfes Gemüsemesser

Für die Cocktailsauce Zitronensaft, Ketchup, 1 Teelöffel Meerrettich, Sojasauce, Essig, Worcestersauce, Senfmehl und Chilisauce in einer kleinen Schüssel miteinander verrühren. Abschmecken und nach Belieben mit Meerrettich und Chilisauce nachwürzen. Abdecken und mindestens 30 Minuten ziehen lassen oder über Nacht in den Kühlschrank stellen, damit die Aromen sich vermischen können.

Die Zitrone vierteln. Einen großen Topf zur Hälfte mit Wasser füllen und Zitronenviertel sowie Pfefferkörner zugeben. Bei hoher Temperatur aufkochen. Die Garnelen zufügen, erneut kochen lassen und dann die Temperatur etwas reduzieren. 1 Minute köcheln, bis die Garnelen nicht mehr glasig sind. In den Durchschlag abgießen und mit kaltem Wasser abschrecken.

Zum Schälen der Garnelen den Kopf vorsichtig abziehen und entsorgen. Dann die Schale entfernen. Dabei vom oberen Ende bis zum unteren vorarbeiten und den Schwanzteil intakt lassen. Mit einem Gemüsemesser längs den Rücken leicht einschneiden und mit der Spitze des Messers den Darm entfernen. Die Garnelen in eine Schüssel geben, abdecken und mindestens 10 Minuten oder bis zu 6 Stunden in den Kühlschrank stellen.

Die Garnelen auf einer Servierplatte zusammen mit der Sauce zum Dippen anrichten.

FÜR 4-6 PERSONEN

RADICCHIOSALAT MIT BIRNEN, WALNÜSSEN UND ZIEGENKÄSE

Die brillante rote Färbung des Radicchios, gepaart mit gelben, grünen oder roten Birnen, ergibt einen festlichen Salat für die Feiertage. Wir verfeinern ihn mit Ziegenkäse und Walnüssen, Sie können aber auch milden Blauschimmelkäse und Mandeln verwenden.

ZUTATEN

60 g Walnusskerne	1 EL Balsamicoessig
2 feste, reife Birnen	Salz
1 EL Zitronensaft, frisch gepresst	185 g mittelalter Ziegenkäse (z.B. Bûcheron) oder frischer Ziegenkäse, in 8 Scheiben geschnitten
2 Köpfe Radicchio	
3 EL Olivenöl, extra vergine	
	Pfeffer, frisch gemahlen

KÜCHENHELFER

1 Küchenmesser, 1 Zitronenpresse,
1 tiefes Backblech, 1 Gemüsemesser,
verschiedene Rührschüsseln, 1 Schneebesen

Den Ofen auf 180 °C vorheizen. Die Walnusskerne nebeneinander auf das Backblech geben und unter ein- oder zweimaligem Durchmengen 10–12 Minuten rösten, bis die Nüsse duften und leicht Farbe bekommen haben. Auf einen kleinen Teller geben, abkühlen lassen und dann grob zerhacken.

Die Birnen längs halbieren und entkernen. In dünne Spalten schneiden und in eine Schüssel geben. Mit Zitronensaft beträufeln, gut vermengen und beiseitestellen. Den Radicchio von welken oder braunen Blättern befreien. Die roten Blätter auf Teller verteilen.

Für das Dressing Olivenöl, Essig und ¼ Teelöffel Salz in einer kleinen Schüssel verrühren, bis sich alles gut vermischt hat.

Die Birnenscheiben und den Käse auf den Radicchioblättern anrichten und mit Walnüssen bestreuen. Jeden Salatteller gleichmäßig mit Dressing beträufeln. Mit Salz und Pfeffer würzen und servieren.

FÜR 8 PERSONEN

SALAT AUS RUCOLA, FENCHEL UND ORANGEN

Der nussige Geschmack des Rucolas, der Anis-akzent des Fenchels und die herbe Süße der Orangen treffen in diesem leckeren Winter-salat aufeinander. Bereits einen Tag im Voraus können Sie die Vinaigrette, den Fenchel und die Orange vorbereiten und im Kühlschrank auf-bewahren.

ZUTATEN

FÜR DIE VINAIGRETTE
2 TL Bio-Orangenabrieb
60 ml Orangensaft
2 EL Zitronensaft
2 EL Olivenöl, extra vergine
2 EL Rapsöl
2 TL Dijon-Senf
½ TL getrockneter

Estragon
1 Schalotte, gehackt
Salz
Pfeffer, frisch gemahlen

AUSSERDEM
3 Navelorangen
1 große Fenchelknolle
125 g Rucola

KÜCHENHELFER

1 Küchenmesser, 1 Zitronenpresse,
1 Reibe, 1 kleine Rührschüssel, 1 Schneebesen,
1 Schneidebrett

Für die Vinaigrette Orangenabrieb, Orangen-saft, Zitronensaft, Olivenöl, Rapsöl, Senf, Estragon und die Schalotte in einer kleinen Schüssel verrühren. Mit Salz und Pfeffer würzen und beiseitestellen.

Die Orangen nacheinander bearbeiten: Mit einem scharfen Messer die Orange oben und unten abschneiden, sodass das Fruchtfleisch zum Vorschein kommt. Die Schale und die weiße Innenhaut entfernen und die Orange dann vorsichtig filetieren. Mit den übrigen Orangen wiederholen.

Strunk, Grün und verfärbte Stellen der äußeren Hülle der Fenchelknolle entfernen. Die Knolle quer in Streifen schneiden. Fenchel und Rucola in eine große Servierschüssel geben, die Hälfte der Vinaigrette zufügen und gut miteinander vermengen. Die Orangenscheiben auf dem Salat anrichten. Mit der restlichen Vinaigrette beträufeln und servieren.

FÜR 8-10 PERSONEN

BUTTERNUSSKÜRBISSUPPE MIT INGWERCREME

Das Rösten intensiviert die Süße von Winter-
kürbissen und den Geschmack der Knoblauchzehen, die diese cremige Suppe so vielschichtig
machen. Die mit Ingwer gewürzte Crème fraîche
gibt zudem ein angenehm scharfes Aroma. Die
Suppe ist ein würdiger erster Gang für ein
Thanksgiving- oder Weihnachtsmenü.

ZUTATEN

2 Butternuss-, Eichel-
oder Delicatakürbisse
(2,5–3 kg Gesamt-
gewicht)

2 EL Butter, zerlassen,
plus 4 EL extra

Salz

Schwarzer Pfeffer,
frisch gemahlen

1 Knoblauchknolle,
in die einzelnen Zehen
zerteilt

4 frische Thymianzweige

4 frische Rosmarin-
zweige

FÜR DIE INGWERCREME

250 g Crème fraîche

1 EL Ingwer, geschält
und gerieben

2 Prisen Zucker

1 Prise Salz

AUSSERDEM

155 g Schalotten,
gehackt

1 l Hühnerbrühe

180 ml trockener
Weißwein

250 ml Crème double

1 TL Muskatnuss,
frisch gerieben

2 Prisen Cayennepfeffer

KÜCHENHELFER

1 Küchenmesser, 1 Reibe, optional:
1 Muskatreibe, 1 Backpinsel, 1 tiefes Backblech,
1 Gemüsemesser, verschiedene Rührschüsseln,
1 großer Topf, 1 Pürierstab, 1 Schöpfkelle

Den Ofen auf 190 °C vorheizen. Die Kürbisse
der Länge nach halbieren und mit einem
Löffel die Kerne herauskratzen. Die Schnittflächen mit 2 Esslöffeln Butter einpinseln und
mit je ½ Teelöffel Salz und Pfeffer würzen. In
die Mulden, in der zuvor die Kerne waren, die
ungeschälten Knoblauchzehen und je 1 Zweig
Rosmarin und Thymian geben. Dann die Kür-
bishälften vorsichtig umdrehen und mit der
Schnittfläche nach unten auf ein tiefes Backblech legen. 45–50 Minuten schmoren, bis das
Fruchtfleisch zart ist. Aus dem Ofen nehmen
und abkühlen lassen.

Während die Kürbisse im Ofen sind, die
Ingwercreme vorbereiten. Dafür Crème fraîche,
Ingwer, Zucker und Salz gut miteinander ver-
rühren. Abdecken und kühl stellen.

Sobald die Kürbisse so weit abgekühlt sind,
dass man sie verarbeiten kann, Knoblauch
beiseitestellen und die Kräuter entsorgen.
Das Kürbisfleisch mit einem Löffel auskratzen
und in eine Schüssel geben. Den geschmorten
Knoblauch aus der Haut drücken und darüberpressen. In einem großen Topf bei mittlerer
Temperatur die übrige Butter erhitzen. Die
Schalotten zugeben und unter häufigem Rühren 3–4 Minuten braten, bis sie weich sind.
Kürbis und Knoblauch zufügen und mit der
Rückseite eines Löffels alle Zutaten zerdrücken. Brühe und Wein angießen und zum
Köcheln bringen. Die Crème double einrühren
und den Topf von der Herdplatte nehmen.

Mit einem Pürierstab die Suppe fein mixen.
Muskat, Cayennepfeffer, 1 Esslöffel Salz
und ¼ Teelöffel Pfeffer zugeben und – wenn
nötig – auf dem Herd langsam wieder auf
Serviertemperatur erwärmen.

Die Suppe in Schälchen servieren und jeweils
etwas Ingwercreme obenauf setzen.

FÜR 8 PERSONEN

Echte Paargeschichten

WELCHES FESTTAGSMENÜ BEREITET IHR GERNE ZU?

Molly & Brandon

Ich backe oft einen Pekannuss-Schokoladen-Kuchen nach einem alten Familienrezept. Wir nennen ihn Hoosier Pie. Brandon ist berühmt für sein Kartoffelpüree mit geröstetem Knoblauch und Parmesan. Und wir lieben beide Rosenkohl, der daher immer auf dem Feiertagstisch steht – entweder geraspelt und gebraten oder in Sahne geschmort.

Mindy & Dan

In Dans Familie gibt es jedes Jahr zu Weihnachten einen großen Topf Suppe, die Dan immer kocht. Zu Thanksgiving mache ich eine Pilz-Brioche-Füllung für den Truthahn. Ich habe eine Cousine, die seit 1965 jedes Jahr diese Füllung zubereitet hat. Vor zwei Jahren hat sie dann diesen Job an mich abgetreten.

Lisa & Emmett

Wir lieben Thanksgiving. Emmett brät den Truthahn schnell bei hoher Temperatur und jedes Mal wird er perfekt. Aus dem Bratensaft macht er eine Sauce, in die noch Innereien, Wein, gebratener Sellerie, Zwiebeln und Möhren kommen. Er schöpft das Fett ab und püriert die Sauce zusammen mit seiner geheimen Zutat … der frischen Truthahnleber! Sie macht die Sauce üppig und cremig.

Aki & Alex

Oma Kittys Erdbeerkuchen ist ein Muss zur Osterzeit. Da führt kein Weg drum herum.

Andrea & Mac

Wir bereiten gerne Austern à la Rockefeller vor dem Thanksgivingessen zu.

Julie & Matt

Einmal hatten wir die Aufgabe, zu Thanksgiving die Kuchen zu backen. Wir hatten gerade erst gelernt, wie man einen guten Boden macht, und fühlten uns noch nicht gerade wohl beim Backen. Unsere Küche war ein verrücktes, mehlbedecktes Chaos. Wir blieben die ganze Nacht auf und haderten mit diesen Kuchen. Heute lieben wir es, sie zu backen.

GEBRATENE JAKOBSMUSCHELN
MIT WARMER BACONVINAIGRETTE

Frisée, eine krause Variante des Chicorées, passt gut zu einem warmen Dressing wie dieser rauchigen Baconvinaigrette, verfeinert mit Dijon-Senf und Sherryessig. Geben Sie buttrige Jakobsmuscheln auf das Blattgrün und schon haben Sie einen tollen Salat.

ZUTATEN

8 Scheiben Bacon

190 ml Olivenöl, extra vergine, plus Öl nach Bedarf

155 g Schalotten, fein gehackt

4 Knoblauchzehen, gehackt

2 EL Dijon-Senf

90 ml Sherryessig

2 EL Zucker

Salz

Pfeffer, frisch gemahlen

24 große Jakobsmuscheln (750 g Gesamtgewicht) aus dem Atlantik, aus der Schale gelöst

500 g Frisée, in mundgerechte Stücke gezupft

KÜCHENHELFER

1 Küchenmesser, 1 große Pfanne, 1 Küchenzange, 1 große Rührschüssel, 1 Schneebesen, 1 Pfanne

GETRÄNKEEMPFEHLUNG

Ein Gericht dieses Kalibers verdient einen großartigen Wein, der wie dafür gemacht ist: Chardonnay. Gönnen Sie sich einen Burgunder wie Meursault, Puligny-Montrachet oder Chassagne-Montrachet, die durch ihre Textur die seidigen Muscheln gut ergänzen und den Bacon hervorheben. Ein leicht nussiger Chardonnay aus Kalifornien oder Oregon passt ebenfalls gut.

Den Bacon ca. 5 Minuten in einer Pfanne bei mittlerer Temperatur kross braten. Zum Trocknen auf Küchenpapier legen. Nachdem der Bacon genug abgekühlt ist, um ihn weiterzuverarbeiten, in einer großen Schüssel in Stücke brechen und beiseitestellen. Das Bratfett bis auf 3 Esslöffel wegschütten. Ergeben sich weniger als 3 Esslöffel, mit etwas Olivenöl auffüllen.

Für die Vinaigrette die Pfanne mit dem Fett bei mittlerer Temperatur zurück auf den Herd stellen. Die Schalotten 2–3 Minuten anschwitzen, bis sie leicht gebräunt sind. Den Knoblauch zufügen und 1 weitere Minute braten. Von der Herdplatte nehmen und Senf, Essig, 155 ml Olivenöl und Zucker einrühren. Mit Salz und Pfeffer abschmecken.

Falls nötig die Muskeln auf beiden Seiten des Muschelfleischs entfernen. Die Muscheln trocken tupfen und mit Salz und Pfeffer würzen. 1½ Teelöffel Olivenöl in einer Pfanne bei mittlerer Temperatur erhitzen. Pro Durchgang 6 Muscheln in der Pfanne braten. Die Muscheln dürfen dabei nicht zu dicht aneinanderliegen. Unter einmaligem Wenden 1–2 Minuten pro Seite braten, bis die Muscheln goldbraun und gerade gar sind. Auf einen Teller geben und denselben Vorgang für die restlichen Muscheln wiederholen. Für jeden Durchgang 1½ Teelöffel Olivenöl zugeben.

Den Frisée in die Schüssel mit dem Bacon geben. Die Vinaigrette bei geringer Temperatur ca. 1 Minute erhitzen, bis sie warm ist. ¾ der Vinaigrette über den Salat gießen und alles gut vermengen. Dann auf einzelne Teller portionieren. Die Muscheln daraufgeben, mit der übrigen Vinaigrette beträufeln und servieren.

FÜR 8 PERSONEN

ROASTBEEF MIT YORKSHIRE PUDDING

Dieser Klassiker eignet sich gut für das erste Festtagsmenü, das Sie gemeinsam als Paar zubereiten: das Gericht macht Eindruck, ist aber trotzdem leicht gemacht. Planen Sie 15 Minuten Bratzeit pro 500 g Roastbeef ein. Wie ein gigantischer Popover profitiert der Yorkshire Pudding vom Bratenfett, daher backt er, während der Braten schon ruht. Sie sollten gleich zwei Portionen machen, denn jeder liebt ihn!

ZUTATEN

FÜR DAS ROASTBEEF	FÜR DEN YORKSHIRE PUDDING
2,5 kg Roastbeef am Stück	2 große Eier
Salz	310 ml Milch
Pfeffer, frisch gemahlen	140 g Mehl
	Salz

KÜCHENHELFER

1 großer Bräter, optional: 1 Bratenspritze,
1 digitales Bratenthermometer, 1 Schneidebrett,
1 gusseiserne Pfanne (23 cm), 1 Rührschüssel,
1 Schneebesen, 1 Küchenmesser

GETRÄNKEEMPFEHLUNG

Holen Sie für dieses saftige Roastbeef eine teure Flasche Cabernet hervor. Seine dunklen Aromen von Kirsche und schwarzer Johannisbeere vereinen sich perfekt mit dem gebratenen Rindfleisch, während seine Tannine die Schwere des Fleischs abmildern. Wählen Sie einen großen Wein aus dem Napa Valley, Südafrika, Chile, Argentinien oder – natürlich – aus Bordeaux.

Das Fleisch einen Tag vor dem Servieren mit 2½ Teelöffeln Salz und etwas frisch gemahlenem Pfeffer würzen. Abdecken und über Nacht in den Kühlschrank stellen. 1–2 Stunden, bevor es in den Ofen soll, aus dem Kühlschrank nehmen und ruhen lassen.

Für das Roastbeef den Ofen auf 220 °C vorheizen. Das Fleisch in den Bräter legen und in den Ofen stellen. 15 Minuten braten und dann die Temperatur auf 190 °C reduzieren. Weiterbraten und dabei das Fleisch regelmäßig mit dem Bratensaft begießen. 1¼ Stunden braten, bis das Thermometer an der dicksten Stelle des Fleisches 57 °C anzeigt. Dann ist das Roastbeef englisch gebraten. Wenn ein Braten ohne Knochen verwendet wird, bereits früher die Temperatur überprüfen. Das Roastbeef auf ein Schneidebrett legen und mit Aluminiumfolie abgedeckt 30 Minuten ruhen lassen. In der Zwischenzeit den Ofen angeschaltet lassen und den Yorkshire Pudding zubereiten.

Eine gusseiserne Pfanne zum Vorheizen in den Ofen geben. Währenddessen Eier und Milch in einer Schüssel miteinander vermischen. Unter ständigem Rühren nach und nach Mehl zugeben und zu einem glatten Teig verarbeiten. Er sollte die Konsistenz von Crème double haben. Mit einer Prise Salz würzen. Die Pfanne aus dem Ofen nehmen und 2 Esslöffel des Bratenfetts aus dem Bräter in die Pfanne geben. (Den Bräter leicht ankippen und das durchsichtige Fett von der braunen Sauce trennen.) Den Teig in die heiße Pfanne geben und in den Ofen stellen. Ca. 25 Minuten backen, bis der Teig fluffig und knusprig ist.

Zum Servieren das Roastbeef in Scheiben und den Yorkshire Pudding in Stücke schneiden.

FÜR 8 PERSONEN

GEBRATENER SALZTRUTHAHN MIT SALBEI

Einen Truthahn zu braten, ist längst nicht so schwierig, wie es vielleicht erscheinen mag. Wir legen den Vogel über Nacht in Salz, Zucker und Kräutern ein und bestreichen ihn mit Butter, bevor wir ihn in den Ofen schieben. So bleibt er schön saftig.

ZUTATEN

750 g koscheres Salz

125 g Zucker

1 kleine gelbe Zwiebel, gehackt

1 Bund frischer Thymian

1 EL Pfefferkörner, zerdrückt

1 frischer Truthahn (ca. 7 kg Gesamtgewicht), Innereien und über- schüssiges Fett entfernt

60 g ungesalzene Butter, zimmerwarm, plus 4 EL zerlassene Butter

1 Bund frischer Salbei

125 ml Olivenöl

Klassische Bratensauce (Seite 214)

KÜCHENHELFER

1 Küchenmesser, 1 großer Topf, 1 Backpinsel, Küchengarn, 1 Bratgestell, 1 großer Bräter, 1 kleine Rührschüssel, 1 Bratenspritze, 1 digitales Bratenthermometer, 1 Schneidebrett

GETRÄNKEEMPFEHLUNG

Die Frage, welcher Wein zum Truthahn passt, sorgt immer für Diskussionen. Die einen ziehen Weißwein vor, zum Beispiel einen fruchtigen Riesling oder einen aromatischen Gewürztraminer. Die anderen bestehen auf leichte Rotweine, beispielsweise Beaujolais oder Pinot Noir. Wir mögen sie alle, auch wenn wir zugegebenermaßen eine besondere Vorliebe für erdigen Syrah aus dem Rhônetal oder aus Nordkalifornien haben.

Einen großen Topf zu ½ mit kaltem Wasser füllen. Salz, Zucker, Zwiebel, Thymian und Pfefferkörner einrühren. Den Truthahn mit der Brustseite nach unten hineinlegen und den Topf so weit wie möglich mit Wasser auffüllen. Abdecken und 24 Stunden kalt stellen.

Zwei Stunden vor dem Braten den Truthahn aus der Salzlake nehmen und innen wie außen unter kaltem Wasser abspülen. Die Salzlake wegschütten. Den Truthahn trocken tupfen.

Den Ofen auf 220 °C vorheizen. Vorsichtig die Finger zwischen Brustfleisch und Haut schie- ben, um die Haut zu lockern. Die Truthahn- brust mit der Hälfte der zimmerwarmen Butter einreiben, dann 12 große Salbeiblätter unter die Haut schieben und gleichmäßig verteilen. Den Hals und die Bauchhöhle mit Pfeffer wür- zen. Die restlichen Salbeizweige in die Bauch- höhle geben.

Die Flügel unter den Körper schieben und die Beine des Truthahns zusammenbinden. Den Vogel mit der restlichen zimmerwarmen Butter einreiben. Dann mit der Brust nach oben in ein Bratgestell legen und dieses in einen großen Bräter setzen. 2,5 cm hoch Wasser in den Bräter gießen. In einer kleinen Schüssel die zerlassene Butter und das Olivenöl vermischen.

Die Ofentemperatur auf 165 °C reduzieren und den Truthahn 3–3½ Stunden braten. Stündlich mit der Buttermischung einpinseln. Nach 2½ Stunden zum ersten Mal die Tempera- tur messen. Ein Bratenthermometer sollte an der dicksten Stelle des Brustfleisches, fern vom Knochen, 77 °C messen. Sobald der Truthahn gar ist, auf ein Schneidebrett legen, mit Alumi- niumfolie abdecken und vor dem Anschneiden 30 Minuten ruhen lassen. Den Bräter und den Bratensaft zum Herstellen der Sauce benutzen (siehe Seite 214).

FÜR 8-10 PERSONEN

KLASSISCHE BRATENSAUCE

Das Abschöpfen des Fetts aus dem Bratensaft wird erleichtert, indem Sie den Saft in einen Messbecher geben und diesen 10–15 Minuten in den Gefrierschrank stellen. Das Fett sammelt sich an der Oberfläche und gerinnt, sodass Sie Fett und Saft leichter trennen können.

ZUTATEN

Bratensaft vom Truthahn (Seite 213)

60 g Mehl

125 ml trockener Wermut

375 ml Hühnerbrühe

Salz

Pfeffer, frisch gemahlen

KÜCHENHELFER

1 großer hitzebeständiger Messbecher,
1 Schneebesen, 1 Kochlöffel

Den Bratensaft aus dem Bräter in einen großen Messbecher füllen. Mindestens 10 Minuten stehen lassen, damit sich das Fett an der Oberfläche sammeln kann. Dann das Fett abschöpfen und 60 ml davon in den Bräter geben. Den Bratensaft im Messbecher belassen.

Den Bräter auf 2 Herdplatten bei mittlerer Temperatur erhitzen. Das Mehl zugeben und unter ständigem Rühren 2–3 Minuten aufkochen. Den Wermut zufügen und mit dem Kochlöffel gut verrühren, dabei den Bratensatz vom Boden lösen. Den Bratensaft mit so viel Brühe auffüllen, dass sich 500 ml ergeben. Diese in den Bräter geben und alles unter häufigem Umrühren ca. 5 Minuten köcheln lassen, bis die Sauce dickflüssig wird. Wird sie zu dick, etwas mehr Brühe zugeben. Mit Salz und Pfeffer abschmecken.

Die Sauce in eine Sauciere geben und zum Truthahn servieren.

ERGIBT CA. 500 ML

FRISCHES CRANBERRY-RELISH

Diese kräftig-süße Sauce könnte nicht einfacher zu machen sein: Sie müssen bloß alle Zutaten in einen Mixer geben. Für eine schönere Konsistenz und zusätzlichen Geschmack lassen wir sowohl die Orange als auch den Apfel ungeschält. So schmeckt das Relish noch intensiver.

ZUTATEN

1 kleine Bio-Orange

1 saurer Bio-Apfel
(z.B. Granny Smith)

250 g frische Cranberrys

90 g Zucker

1 dickes Stück frischer
Ingwer, geschält

KÜCHENHELFER

1 Gemüsemesser, 1 Küchenmesser,
1 Standmixer

Die ungeschälte Orange vierteln und die Kerne entfernen. In 2,5 cm große Stücke schneiden. Den ungeschälten Apfel ebenfalls vierteln, entkernen und in 2,5 cm große Stücke schneiden.

In einem Standmixer Orange, Apfel, Cranberrys, Zucker und Ingwer mixen, bis die Zutaten fein püriert sind. In einem Behälter luftdicht verschließen und kalt stellen. Abgedeckt ist die Sauce im Kühlschrank bis zu 2 Wochen haltbar.

FÜR 6–8 PERSONEN

RINDERFILET MIT SCHALOTTEN
UND ROTWEIN-REDUKTION

Das Filet ist sowohl das zarteste als auch das teuerste Stück vom Rind. Es ist außerdem magerer als viele andere Teilstücke, daher muss es nur kurz gebraten werden und schmeckt englisch gegart am besten. Die Rotwein-Reduktion aus dem aromatischen Bratensaft ist schnell gemacht, während der Braten ruht.

ZUTATEN

1 Rinderfilet am Stück (1,25–1,5 kg)

2 EL Olivenöl, extra vergine

2 TL frischer Thymian, gehackt

Salz

Pfeffer, frisch gemahlen

2 EL Schalotten, gehackt

250 ml vollmundiger Rotwein (z.B. Syrah oder Cabernet Sauvignon)

2½ EL Butter

KÜCHENHELFER

1 Backpinsel, 1 Küchenmesser, 1 Bratgestell, 1 flacher Bräter, 1 digitales Bratenthermometer, 1 Schneidebrett, 1 Kochlöffel

1 Stunde vor dem Braten das Rindfleisch aus dem Kühlschrank nehmen, sodass es Zimmertemperatur annehmen kann.

Den Ofen auf 230 °C vorheizen. Das Fleisch rundum mit Olivenöl einpinseln und dann mit Thymian, 1½ Teelöffeln Salz und 1 Teelöffel Pfeffer einreiben.

Den Braten in das Bratgestell legen und in einen Bräter geben, der dafür gerade groß genug ist. Ca. 20 Minuten braten, bis ein digitales Bratenthermometer an der dicksten Stelle des Fleischs 49 °C für eine blutige Garstufe misst. Für englisch gebratenes Fleisch müssen nach ca. 25 Minuten Bratzeit 52 °C–54 °C gemessen werden und nach ca. 30 Minuten 54 °C–60 °C für rosa Fleisch.

Wenn der Braten die gewünschte Garstufe erreicht hat, aus dem Ofen nehmen und auf ein Schneidebrett legen. Locker mit Aluminiumfolie abdecken und ca. 15 Minuten ruhen lassen.

In der Zwischenzeit den Bräter bei mittlerer Temperatur auf dem Herd erhitzen. Die Schalotten zufügen und im Bratensaft ca. 2 Minuten glasig anschwitzen. Nach und nach den Wein angießen und mit einem Kochlöffel beim Umrühren den Bratensatz lösen. Kochen, bis der Wein um knapp die Hälfte reduziert ist. Die Butter einrühren und, sobald sie geschmolzen ist, den Bräter vom Herd nehmen und die Reduktion abgedeckt warm halten.

Den Braten gegen die Faser in 1 cm dicke Scheiben schneiden. Auf einer Platte anrichten, mit der Sauce beträufeln und servieren.

FÜR 8 PERSONEN

GEBRATENE LAMMKEULE MIT KNOBLAUCH, KRÄUTERN UND ROTWEIN

Dieser Braten wird auf griechische Art zubereitet: Das Fleisch wird mit zerdrücktem Knoblauch, Kräutern und Chiliflocken gespickt. Braten Sie das Lamm nicht zu lange, denn dann verliert es seine Saftigkeit. Servieren Sie es mit Bratkartoffeln oder Knoblauchkartoffelpüree (Seite 219).

ZUTATEN

1 Knoblauchzehe	2 EL Olivenöl, extra vergine
Salz	
1 EL getrockneter Oregano	Ca. 2,5 kg Lammhaxe mit Knochen
1 EL frischer Rosmarin, gehackt	125 ml trockener Rotwein
1 Prise Chiliflocken	Schwarzer Pfeffer, frisch gemahlen

KÜCHENHELFER

1 Küchenmesser, Mörser und Stößel, 1 wiederverschließbarer Gefreierbeutel, 1 Bratgestell, 1 Bräter, 1 digitales Bratenthermometer

GETRÄNKEEMPFEHLUNG

Wir mögen Lamm gerne in Begleitung eines gehaltvollen Syrah aus dem nördlichen Rhônetal (oder ähnlicher Weine), beispielsweise Cornas oder Côte-Rôtie. Wir haben aber auch überraschend herausgefunden, dass der starke Beerengeschmack des Pinot Noir sehr gut zu den erdigen Aromen des Lamms passt. Wählen Sie einen kräftigen Pinot Noir von Kaliforniens Sonoma-Küste, aus Santa Barbara, Oregon oder aus dem Burgund.

Den Knoblauch zusammen mit ½ Teelöffel Salz im Mörser zerstoßen. Oregano, Rosmarin und Chiliflocken zugeben und zerstampfen. Das Olivenöl zugeben und vermengen, bis sich die Zutaten gut vermischt haben.

Mit einem Gemüsemesser den Braten 16 Mal 2 cm tief rundum einschneiden. In jeden Schlitz ein wenig von der Kräutermischung geben und mit dem Rest den gesamten Braten einreiben. Das Lammfleisch in einen großen, wiederverschließbaren Gefrierbeutel geben und den Wein zugießen. Verschließen und den Wein in das Fleisch einmassieren. 24 Stunden kalt stellen.

Vor dem Braten den Ofen auf 230 °C vorheizen. Das Bratgestell in einen Bräter geben, der gerade genug Platz für das Lamm bietet.

Den Braten aus dem Beutel nehmen und mit Küchenpapier trocken tupfen. Leicht mit Salz und Pfeffer würzen. Das Fleisch mit der Fettseite nach unten in das Bratgestell legen. 20 Minuten braten. Das Fleisch wenden, sodass die Fettseite nach oben zeigt, und die Ofentemperatur auf 190 °C reduzieren. Ca. 30 weitere Minuten braten, bis ein digitales Bratenthermometer an der dicksten Stelle des Fleischs, fern vom Knochen, 46 °C–49 °C für eine blutige Garstufe misst. Ca. 50–60 Minuten nach dem Wenden sollten für englisch gebratenes Fleisch 52 °C–54 °C gemessen werden und 1¼ Stunden nach dem Wenden sollte das Fleisch bei 60 °C innen rosa sein.

Das Lamm auf ein Schneidebrett geben und 15 Minuten ruhen lassen. In der Zwischenzeit den Bratensaft in eine Sauciere füllen und 10 Minuten stehen lassen. Dann so viel Fett wie möglich von der Oberfläche abschöpfen. Das Fleisch tranchieren, auf einzelnen Tellern anrichten und zusammen mit der Sauce servieren.

FÜR 6–8 PERSONEN

KARTOFFELPÜREE MIT
KNOBLAUCH UND SCHNITTLAUCH

Gewürzt mit Knoblauch und Schnittlauch, eignen sich Kartoffeln mit ihrer goldenen Farbe und der buttrigen Konsistenz perfekt als Püree. Scharfes Anbraten des Knoblauchs mildert seinen starken Geschmack zu einer angenehmen Süße. Sie können das Kartoffelpüree bis zu 2 Stunden im Voraus zubereiten und anschließend wieder erwärmen.

ZUTATEN

1,75 kg festkochende Kartoffeln, geschält und in große Stücke geschnitten

Salz

60 g Butter, zimmerwarm

8 große Knoblauchzehen, gehackt

250 ml Vollmilch

15 g frischer Schnittlauch, gehackt

Pfeffer, frisch gemahlen

KÜCHENHELFER

1 Sparschäler, 1 Küchenmesser, 1 großer Topf, 2 kleine Töpfe, 1 Durchschlag, 1 Kartoffelstampfer, 1 Kochlöffel

In einem großen Topf die Kartoffeln, 1 Esslöffel Salz und so viel Wasser, dass die Kartoffeln bedeckt sind, bei mittlerer Temperatur aufkochen. Die Hitze leicht reduzieren, den Topf abdecken und die Kartoffeln in ca. 30 Minuten garen.

Während die Kartoffeln köcheln, in einem kleinen Topf 2 Esslöffel Butter zerlassen. Knoblauch zugeben und 1–2 Minuten anbraten, bis er glasig, aber nicht braun ist. Beiseitestellen.

In einem zweiten kleinen Topf die Milch bei niedriger Temperatur erhitzen, bis sich Bläschen am Topfrand bilden. Beiseitestellen und warm halten.

Sobald die Kartoffeln gar sind, abgießen und dabei ca. 80 ml des Kochwassers auffangen.

Die Kartoffeln in den Topf zurückgeben und bei niedriger Temperatur auf den Herd zurückstellen. Mit dem Kartoffelstampfer sorgfältig zerstampfen. Die Hälfte der warmen Milch, die restliche Butter, den gebratenen Knoblauch und den Schnittlauch mit einem Kochlöffel einrühren. Gut vermengen und dann die restliche Milch zugeben. Nach Belieben so viel Kartoffelwasser zugießen, bis die gewünschte Konsistenz erreicht ist. Rühren, bis das Püree leicht und fluffig ist. Dabei nicht zu lange rühren, da die Kartoffeln sonst klebrig werden. Mit Salz und Pfeffer abschmecken. In eine Schüssel geben und servieren.

FÜR 6-8 PERSONEN

GESCHMORTER EICHELKÜRBIS
MIT CHIPOTLE UND KORIANDER

In diesem kräftigen Herbstgericht bilden aromatischer Koriander, herber Limettensaft und würzige Chipotle-Chili einen tollen Kontrast zur cremigen Süße des geschmorten Kürbisses. Das Ergebnis ist eine ausgewogene, nicht zu scharfe Mischung verschiedener Aromen.

ZUTATEN

4 Eichelkürbisse
(3 kg Gesamtgewicht)

4 Limetten

90 ml Olivenöl,
extra vergine

2 Chipotle-Chilischoten
in Adobosauce, plus
2 TL der Sauce

1 TL Zucker

Salz

Pfeffer, frisch gemahlen

10 g frischer Koriander,
grob gehackt

KÜCHENHELFER

1 Küchenmesser, 1 Zitronenpresse,
2 große Rührschüsseln, 2 tiefe Backbleche,
1 scharfes Gemüsemesser

Den Ofen auf 220 °C vorheizen.

Jeden Kürbis halbieren und von den Kernen befreien. Die Hälften in 2 cm dicke Spalten schneiden.

2 Limetten halbieren und den Saft in eine große Schüssel pressen. Olivenöl, Adobosauce, Zucker und je eine großzügige Prise Salz und Pfeffer zufügen und alles verrühren. Die Kürbisspalten zugeben und gut mit der Mischung vermengen. Dann auf zwei tiefe Backbleche verteilen, sodass die Kürbisstücke in einer Lage nebeneinanderliegen.

Unter einmaligem Wenden ca. 25 Minuten im Ofen schmoren, bis die Kürbisspalten goldbraun und zart sind.

Währenddessen die Samen der Chilischoten entfernen und die Schoten zerhacken.

Den Kürbis in eine große Schüssel geben. Die gehackten Chilischoten und den Koriander zugeben und gut vermengen. Auf einer Servierplatte anrichten, den Saft der restlichen Limetten darüberpressen und servieren.

FÜR 8 PERSONEN

PASTINAKEN UND SÜSSKARTOFFELN
MIT HASELNÜSSEN UND BRAUNER BUTTER

Der volle Geschmack der gerösteten Nüsse und der braunen Butter passt gut zum Knollengemüse. Sowohl Pastinaken als auch Süßkartoffeln haben einen natürlichen Zuckergehalt, sodass sie im Ofen leicht karamellisieren. Die Zugabe von Thymian lässt sie besonders gut mit gebratenem Geflügel harmonieren.

ZUTATEN

75 g Haselnüsse	Salz
90 ml Rapsöl	Pfeffer, frisch gemahlen
4 Pastinaken (ca. 1 kg Gesamtgewicht)	60 g Butter
	2 TL frischer Thymian, gehackt
2 Süßkartoffeln (ca. 1 kg Gesamtgewicht)	

KÜCHENHELFER

1 Küchenmesser, 2 kleine Pfannen,
2 tiefe Backbleche, 1 Sparschäler

In einer kleinen, nicht eingefetteten Pfanne die Haselnüsse bei mittlerer Temperatur 3–5 Minuten rösten, bis sie dunkelbraun sind und duften. Solange die Nüsse noch warm sind, in ein sauberes Geschirrtuch geben und kräftig zwischen den Händen reiben, sodass sich die Haut löst. Es kann ruhig ein wenig Haut dranbleiben. Die Nüsse grob hacken und beiseitestellen.

Den Ofen auf 220 °C vorheizen. Je 1½ Esslöffel Öl auf jedes Backblech geben und in den Ofen schieben. Während des Vorheizens das Gemüse vorbereiten.

Die Pastinaken und Kartoffeln schälen und in 1 cm dicke und 5–7,5 cm lange Stücke schneiden. Die Backbleche aus dem Ofen nehmen und das Gemüse gleichmäßig darauf verteilen. Mit etwas Salz und Pfeffer würzen und gut mit dem warmen Öl vermengen. Die Gemüsestücke so auf den Blechen verteilen, dass sie in einer einzigen Lage nebeneinanderliegen. 10–12 Minuten braten, bis die Unterseiten schön gebräunt und knusprig sind. Das Gemüse wenden und weitere 8–10 Minuten braten, bis es rundum Farbe genommen hat.

Die Butter ein einer kleinen Pfanne bei mittlerer Temperatur zerlassen und unter gelegentlichem Umrühren 3–4 Minuten erhitzen, bis sie braun ist und duftet. Die Pfanne vom Herd nehmen und Haselnüsse und Thymian zugeben.

Das gebratene Gemüse in eine Servierschüssel geben, mit der Buttermischung beträufeln und gleichmäßig vermengen. Abschmecken und servieren.

FÜR 8 PERSONEN

ROSENKOHL IN ESSIGGLASUR MIT MARONEN UND WALNUSSÖL

Das Geheimnis von leckerem Rosenkohl ist, ihn gut anzubraten. Dadurch bekommt er eine süße und nussige Note, bevor die Flüssigkeit zugegeben wird. Die Butter, Maronen und das Walnussöl sowie die leichte Schärfe des Essigs runden den Geschmack dieses Gerichts ab.

ZUTATEN

1 kg Rosenkohl	grob gehackt
2 EL Olivenöl, extra vergine	2 EL brauner Zucker
Salz	60 ml Rotweinessig
2 EL Butter	4 TL Walnussöl
500 ml Hühnerbrühe	Pfeffer, frisch gemahlen
185 g vakuumverpackte ganze Maronen,	

KÜCHENHELFER

1 Küchenmesser, 1 Gemüsemesser,
1 große Pfanne, 1 Kochlöffel

Die Rosenkohlröschen putzen und die Strünke sowie welke oder verfärbte Blätter entfernen.

Das Olivenöl in einer großen Pfanne bei mittlerer Temperatur erhitzen. Sobald das Öl heiß ist, den Rosenkohl zugeben und leicht salzen. Unter gelegentlichem Durchrühren ca. 4 Minuten braten, bis die Röschen von allen Seiten etwas Farbe genommen haben.

Die Temperatur erhöhen und Butter, Brühe und Maronen zum Rosenkohl in die Pfanne geben. Die Brühe aufkochen und mit einem Kochlöffel alles gut verrühren. Die Temperatur reduzieren, die Pfanne teilweise abdecken und 20–22 Minuten köcheln lassen, bis der Kohl zart und die meiste Flüssigkeit verdampft ist.

125 ml Wasser in die Pfanne geben, Zucker und Essig einrühren und die Temperatur wieder erhöhen. Unter gelegentlichem Umrühren 2–3 Minuten aufkochen, bis die Flüssigkeit zu einer Glasur reduziert. Die Pfanne vom Herd nehmen und das Walnussöl einrühren. Mit Salz und Pfeffer abschmecken, in eine Schüssel geben und servieren.

FÜR 8 PERSONEN

In der Küche mit

LISA & EMMETT FOX

Lieblingswein oder -cocktail

Alles, was sprudelt. Alle italienischen Weine.
Ein Anejo Manhattan (Lisa) und Blanton's
White mit einem großen Eiswürfel (Emmett).

Das Nummer-1-Gericht für Gäste

Wir lieben es, auf unserem »maßgeschneider-
ten« Grill draußen (Betonblöcke mit einem
Drahtgitterrost) eine Paella zu machen. Sie
gelingt immer, egal für wie viele Gäste. Wir
ändern nur die Größe der Pfanne und passen
die Zutaten an. Es macht Spaß, sie zuzubereiten, und sie ist ein echter Publikumsliebling.

Das gemeinsame Küchenglück bewahren

Kritisiere nicht die Art, wie dein Partner kocht
– besonders nicht, wenn er für dich kocht!

Das Zeitspargeheimnis

Unser Schnellkochtopf. Er gart getrocknete
Bohnen in einem Viertel der normalen Zeit und
sie werden jedes Mal gleich lecker und cremig.
Außerdem ist er gut geeignet für unseren ganz
speziellen Haferbrei.

Während des Essens immer auf dem Tisch

Viele Flaschen Wein – geöffnet und ungeöffnet –
und ein Korkenzieher.

Der gedeckte Tisch

Anstelle eines Tischtuchs nehmen wir immer
einen Tischläufer und übergroße, altmodische
weiße Leinenservietten. Außerdem kleine
Vasen mit Blumen, Votivkerzen und einige
Töpfchen Salz.

Liebstes selbst gekochtes Essen für zwei

Ganzes Brathähnchen, Kartoffelbrei und viel
Grünzeug.

KARTOFFEL-PILZ-GRATIN MIT THYMIAN UND PARMESAN

Ob als Beilage zu Rinderfilet an Weihnachten oder zu einem gebratenen Truthahn an Thanksgiving – dieses herzhaft-leckere Gericht ist ein wahrer Festtagsdauerbrenner. Eine Mischung aus wilden und gezüchteten Pilzen wie Pfifferlingen verleiht dem Gratin einen erdigen Geschmack, der die buttrigen Kartoffeln perfekt hervorhebt.

ZUTATEN

1 EL Butter, plus Butter zum Einfetten der Auflaufform

375 g Crème double

1 Knoblauchzehe, in dünne Scheiben geschnitten

3 frische Thymianzweige, plus 1½ TL gehackter Thymian

Salz

Pfeffer, frisch gemahlen

1 kg festkochende Kartoffeln

1 EL Olivenöl, extra vergine

500 g gemischte Wild- und Zuchtpilze, geputzt und in dünne Scheiben geschnitten

5 EL Parmesan, frisch gerieben

KÜCHENHELFER

1 Küchenmesser, 1 Reibe, 1 hitzebeständige ovale oder quadratische (20 cm) Pfanne oder Auflaufform, 1 großer Topf, 1 Sparschäler, 1 Pfanne, 1 feines Sieb

Den Ofen auf 190 °C vorheizen und die Auflaufform einfetten.

Crème double, Knoblauch, Thymianzweige und je 1 Prise Salz und Pfeffer in einem großen Topf bei mittlerer Temperatur zum Kochen bringen. Dann beiseitestellen.

Die Kartoffeln schälen. Mit der Reibe oder einem Küchenmesser in 3 mm dicke Scheiben schneiden. Vorsichtig mit der Crème-double-Mischung vermengen, abdecken und ziehen lassen. Währenddessen die Pilze zubereiten.

Das Olivenöl zusammen mit 1 Esslöffel Butter in einer Pfanne bei mittlerer Temperatur erhitzen, bis die Butter geschmolzen ist. Die Pilze und eine Prise Salz zugeben und 7–9 Minuten braten, bis die Pilze weich sind. Den gehackten Thymian und eine Prise Pfeffer zugeben und 1 weitere Minute braten.

⅓ der Kartoffelscheiben leicht überlappend in die vorbereitete Auflaufform geben. Mit Salz und Pfeffer würzen und mit 1 Esslöffel Parmesan bestreuen. Die Hälfte der Pilze auf die Kartoffeln geben und ebenfalls mit 1 Esslöffel Parmesan bestreuen. Dann die Hälfte der übrigen Kartoffeln auf die Pilze geben, erneut 1 Esslöffel Parmesan darüberstreuen und mit Salz und Pfeffer würzen. Die restlichen Pilze zufügen. 1 Esslöffel Parmesan darüberstreuen und mit den übrigen Kartoffeln abschließen. Mit Salz und Pfeffer würzen.

Die Crème-double-Mischung durch ein feines Sieb in die Auflaufform gießen und mit dem restlichen Parmesan bestreuen. Die Form mit Aluminiumfolie abdecken und ca. 45 Minuten backen, bis die Kartoffeln gar sind. Die Aluminiumfolie entfernen und ca. weitere 20 Minuten backen, bis die Oberfläche goldbraun ist. Aus dem Ofen nehmen und 10 Minuten stehen lassen, dann servieren.

FÜR 6 PERSONEN

GRÜNE BOHNEN MIT BACON
UND ZWIEBELVINAIGRETTE

Grüne Bohnen sind ein vertrauter Anblick auf dem Festtagstisch. Aber selten schmecken sie so lecker wie bei diesem Rezept. Die Bohnen werden gekocht, bis sie zart sind, und dann mit salzig-knusprigem Bacon vermengt.

ZUTATEN

4 Scheiben Bacon

3 EL rote Zwiebeln, gehackt

60 ml Olivenöl, extra vergine

1½ EL Rotweinessig

½ TL Dijon-Senf

Salz

Pfeffer, frisch gemahlen

1 kg grüne Bohnen, Enden abgeschnitten

KÜCHENHELFER

1 Küchenmesser, 1 Gemüsemesser, 2 Pfannen, 1 kleine Rührschüssel, 1 Topf, 1 Durchschlag

Den Bacon in einer Pfanne ca. 5 Minuten bei mittlerer Temperatur kross braten. Auf einen mit Küchenpapier ausgelegten Teller zum Trocknen geben. 1 Esslöffel Bratfett aus der Pfanne schöpfen und den Rest wegschütten.

Für die Vinaigrette die Pfanne mit dem Esslöffel Fett bei mittlerer Temperatur wieder auf den Herd stellen. Die Zwiebeln zugeben und 1–2 Minuten anschwitzen, bis sie weich sind. In eine Schüssel geben und 2 Esslöffel Olivenöl, Essig, Senf, Salz nach Belieben und 1 Teelöffel Pfeffer zufügen und verrühren. Beiseitestellen.

In einem Topf Salzwasser bei hoher Temperatur zum Kochen bringen. Die Bohnen zugeben und die Temperatur etwas reduzieren. 5–7 Minuten kochen, bis die Bohnen zart sind. Abgießen und mit kaltem Wasser abschrecken. Dann mit einem Küchenhandtuch abtrocknen.

In einer anderen Pfanne das restliche Olivenöl bei mittlerer Temperatur erhitzen. Sobald das Öl heiß ist, die Bohnen zugeben und 3–4 Minuten anbraten. Von der Herdplatte nehmen und die Vinaigrette einrühren.

In eine Schüssel oder auf eine Platte geben, den Bacon darüberbröseln und servieren.

FÜR 8 PERSONEN

FÜLLUNG AUS APFEL, SELLERIE UND SAUERTEIG

Der süßlich-herbe Geschmack von Granny-Smith-Äpfeln wird in dieser aromatischen Füllung mit der milden Herbe des Sauerteigbrots kombiniert. Die Brotrinde sorgt für eine etwas festere Konsistenz. Sie können die Rinde aber auch weglassen. Wir mögen diese Füllung, da sie nicht so schwer ist wie normale Füllungen für Festtagsgerichte.

ZUTATEN

185 g Butter, plus Butter zum Einfetten der Backform

1 Laib Sauerteigbrot (500 g)

2 große gelbe Zwiebeln, fein gehackt

280 g Staudensellerie, fein gehackt mitsamt einiger Blätter

2 große Granny-Smith-Äpfel, halbiert, entkernt und gewürfelt

2 EL frischer Salbei, gehackt, oder 1 TL getrockneter Salbei

1 TL getrockneter Thymian

½ TL Muskatnuss, frisch gerieben

Salz

Pfeffer, frisch gemahlen

15 g frische glatte Petersilie, gehackt

3 große Eier, leicht verquirlt

625 ml Hühnerbrühe

KÜCHENHELFER

1 Küchenmesser, 1 Brotmesser, 1 Muskatreibe, verschiedene Rührschüsseln, 2 tiefe Backbleche, 1 große Pfanne, 1 Schneebesen, 1 Backform (Fassungsvermögen 4 l)

Den Ofen auf 120 °C vorheizen. Die Backform leicht einfetten.

Das Brot samt Rinde in 1 cm große Würfel schneiden. Die Brotwürfel auf zwei tiefe Backbleche verteilen und 40 Minuten im Ofen rösten. Die Bleche aus dem Ofen nehmen und beiseitestellen. Die Ofentemperatur auf 190 °C erhöhen.

3 Esslöffel Butter bei mittlerer Temperatur in einer großen Pfanne zerlassen. Zwiebeln und Sellerie zugeben und ca. 10 Minuten braten, bis das Gemüse weich ist. In eine große Schüssel geben. Die Pfanne bei mittlerer Temperatur zurück auf die Herdplatte stellen und 2 weitere Esslöffel Butter darin schmelzen. Die Äpfel zugeben und ca. 5 Minuten anbraten. Zur Zwiebel-Sellerie-Mischung in die Schüssel geben. Salbei, Thymian, Muskat, 1 große Prise Salz und ½ Teelöffel Pfeffer zufügen und alles gut miteinander vermengen. Die Pfanne bei mittlerer Temperatur zurück auf den Herd stellen und die restliche Butter schmelzen. Brotwürfel und Petersilie zugeben und gut mit der Butter vermischen. Zur Apfel-Zwiebel-Mischung geben. In einer anderen Schüssel Eier und Brühe verrühren. Über die Brotmischung geben und alles vorsichtig vermengen.

Die Masse in die eingefettete Form geben, fest mit Aluminiumfolie abdecken und 30 Minuten backen. Die Folie entfernen und weitere 20–30 Minuten backen, bis die Füllung leicht gebräunt und knusprig ist. Sofort servieren.

FÜR 8–10 PERSONEN

KÜRBISKUCHEN MIT BRAUNEM ZUCKER UND PEKANNÜSSEN

Brauner Zucker und kräftige Buttermilch bringen Abwechslung in diesen ansonsten sehr traditionellen Kürbiskuchen. Den Teig für den krümeligen Boden stellt man ganz einfach her, indem man geröstete Pekannüsse, Butter, Mehl, Ei und Zucker miteinander vermischt. Das Ergebnis ist ein heimeliges, leckeres Dessert.

ZUTATEN

FÜR DEN BODEN

60 g halbe Pekannüsse

125 g Butter, zimmerwarm

90 g Zucker

1 großes Eigelb

½ TL Salz

200 g Mehl, plus Mehl für die Arbeitsfläche

FÜR DIE FÜLLUNG

220 g brauner Zucker

2 TL gemahlener Zimt

2 TL gemahlener Ingwer

1 TL Muskatnuss, frisch gemahlen

½ TL Salz

¼ TL geriebene Nelken

470 g Kürbispüree

180 ml Buttermilch

4 große Eier

AUSSERDEM

Geschlagene Sahne zum Servieren

KÜCHENHELFER

1 Muskatreibe, 1 Rührschüssel, 1 Schneebesen oder Handrührgerät, 2 tiefe Backbleche, 1 Standmixer, 1 große Rührschüssel, 1 Kochlöffel, 1 flache runde Kuchenform (Ø 23 cm), 1 Gitterrost

Den Ofen auf 180 °C vorheizen.

Für den Kuchenboden die Pekannüsse auf ein tiefes Backblech geben und auf mittlerer Schiene 5–6 Minuten rösten, bis sie duften und leicht gebräunt sind. Auf einem kleinen Teller abkühlen lassen und dann im Standmixer fein mahlen.

In einer großen Schüssel mit einem Hand-rührgerät oder Kochlöffel die Butter und den Zucker schaumig rühren. Eigelb und Salz zu-fügen, dabei weiterrühren. Die gemahlenen Pekannüsse und das Mehl zugeben und alles gut vermengen, bis ein krümeliger Teig entsteht.

Den Teig auf einer leicht bemehlten Arbeits-fläche weiterkneten, bis er fest ist. Zu einem Kreis formen und in eine flache Kuchenform geben. Den Teig gut am Boden und am Rand festdrücken. Sollten Ihre Finger vom Kneten zu klebrig sein, bestäuben Sie sie zwischendurch mit Mehl. Den Rand mit der Rückseite einer Gabel eindrücken und die Kuchenform dann 30 Minuten in den Gefrierschrank stellen.

In der Zwischenzeit die Füllung herstellen. Braunen Zucker, Zimt, Ingwer, Muskat, Salz und Nelken im Standmixer vermischen. Kürbispüree, Buttermilch und Eier zugeben und alles zu einer glatten Masse verarbeiten.

Die kalte Backform auf ein tiefes Backblech stellen. Die Füllung auf den Teig geben und 30 Minuten auf mittlerer Schiene backen. Dann die Form auf ein Gitter im unteren Drittel des Ofens stellen. Weitere 15–20 Minuten backen. Die Füllung in der Mitte des Kuchens sollte nur noch leicht wackeln, wenn man die Form vor-sichtig anstößt. Aus dem Ofen nehmen und auf einem Gitterrost komplett auskühlen lassen.

Zum Servieren in Stücke schneiden und einen Klecks Schlagsahne daraufgeben.

FÜR 8 PERSONEN

WÜRZIGER LEBKUCHEN MIT FRISCHKÄSEGLASUR

Traditionelle wärmende Gewürze – Ingwer, Zimt und Nelken – in Kombination mit Cayenne- und schwarzem Pfeffer verleihen diesem Lebkuchen einen großartigen Geschmack. Eine Glasur aus lockerem Frischkäse gleicht die Würze des Lebkuchens aus. Sie können den Kuchen 2 Wochen im Voraus backen und dann einfrieren. Lassen Sie ihn am Tag vor dem Festmenü auftauen.

ZUTATEN

FÜR DEN KUCHEN

125 g Butter, zerlassen, plus Butter zum Einfetten der Backform

315 g Mehl

1 EL gemahlener Ingwer

1½ TL gemahlener Zimt

½ TL gemahlene Nelken

½ TL schwarzer Pfeffer, fein gemahlen

1 Prise Cayennepfeffer

¾ TL Salz

½ TL Backpulver

½ TL Backnatron

2 große Eier

220 g brauner Zucker

235 g dunkler Zuckersirup

250 ml Vollmilch

1 Stück frischer Ingwer (10 cm), geschält und gerieben

FÜR DIE FRISCHKÄSE-GLASUR

250 g Frischkäse, zimmerwarm

60 g Butter, zimmerwarm

1 Prise Salz

75 g Puderzucker, gesiebt

1 TL trockener Sherry

KÜCHENHELFER

1 Gemüsemesser, 1 Reibe, 1 Sieb, 1 quadratische Backform (⌀ 20 cm), 2 Rührschüsseln, 1 Schneebesen, 1 Teigschaber, 1 Zahnstocher, 1 Gitterrost, 1 Handrührgerät, 1 Spatel

Den Ofen auf 180 °C vorheizen und die Backform einfetten.

Mehl, gemahlenen Ingwer, Zimt, Nelken, schwarzen Pfeffer, Cayennepfeffer, Salz, Backpulver und Backnatron in einer Schüssel vermischen.

In einer anderen Schüssel die Eier verquirlen. Den braunen Zucker zugeben und kräftig durchrühren. Dann den Zuckersirup und die Milch einrühren. Zum Schluss den geriebenen Ingwer zufügen und alles vermischen.

Die Eimasse in die Schüssel mit dem Mehl geben und mit einem Teigschaber gut vermengen. Währenddessen die zerlassene Butter zugießen und alles zu einem glatten Teig verrühren.

Den Teig in die eingefettete Backform geben und gleichmäßig verteilen. Ca. 40 Minuten backen, bis das Eindrücken des Teigs in der Mitte keine Mulde hinterlässt und beim Einstechen mit einem Zahnstocher kein Teig mehr haften bleibt. Aus dem Ofen nehmen und auf einem Gitterrost auf Zimmertemperatur abkühlen lassen.

Während der Kuchen abkühlt, die Glasur anrühren. Mit einem Handrührgerät bei mittlerer Geschwindigkeit Frischkäse, Butter und Salz 1–2 Minuten schaumig rühren. Den Puderzucker zufügen und alles gut mischen. Zum Schluss den Sherry einrühren.

Mit einem Spatel die Glasur auf dem abgekühlten Kuchen verteilen. In Stücke schneiden und servieren.

FÜR 8–10 PERSONEN

FEIGENKOMPOTT MIT HONIGCREME

Aus Crème fraîche lässt sich ein leichtes und lockeres Topping für Desserts machen. In diesem Rezept wird sie mit Honig und Vanille gemischt und über reife Feigen verteilt, die in Rotweinsirup getränkt wurden. Übrig gebliebene Crème fraîche können Sie gut abgedeckt mehrere Tage im Kühlschrank aufbewahren.

ZUTATEN

500 g Black-Mission-Feigen, entstielt und halbiert oder geviertelt

180 ml trockener Rotwein

60 ml Orangensaft

60 g Zucker

½ Vanilleschote, längs aufgeschlitzt

250 g Crème fraîche

3 EL Honig

¼ TL Vanilleextrakt

KÜCHENHELFER

1 Gemüsemesser, 1 Küchenmesser, 1 Zitronenpresse, 1 hitzebeständige Rührschüssel, 1 kleiner Topf, 1 Rührschüssel, 1 Handrührgerät

Die Feigen in eine hitzebeständige Schüssel geben.

Wein, Orangensaft und Zucker in einem Topf vermischen. Mit der Spitze eines scharfen Messers das Mark aus der Vanilleschote kratzen und in den Topf geben. Bei mittlerer Temperatur aufkochen und gut umrühren, damit sich der Zucker auflöst. Ca. 5 Minuten kochen, bis die Flüssigkeit leicht angedickt ist und sich auf 180 ml reduziert hat. Über die Feigen gießen und bei Zimmertemperatur auskühlen lassen.

In einer Schüssel Crème fraîche, Honig und Vanilleextrakt mit einem Handrührgerät schlagen, bis sich eine dickflüssige Creme ergibt.

Das Feigenkompott in Dessertgläser portionieren, einen Klecks der Creme darübergeben und servieren.

FÜR 6 PERSONEN

APFEL-CRANBERRY-GALETTE

Dieser schön belegte Kuchenteig mit roten Cranberrys, gebettet auf goldenen Apfelscheiben, ist der krönende Abschluss eines Festtagsmenüs. Da die Fruchtmischung vor dem Backen kurz eingekocht wurde, backt die Galette schnell und gleichmäßig. Das Rezept ergibt 2 Kuchen für 5–6 Personen.

ZUTATEN

FÜR DEN TEIG

280 g Mehl, plus Mehl für die Arbeitsfläche

60 g Maisstärke

2 TL Zucker

¾ TL Salz

185 g Butter, kalt und in 1 cm große Stücke geschnitten

90 g saure Sahne

125 ml eiskaltes Wasser

FÜR DIE FÜLLUNG

125 g Zucker

3 EL Honig

3 EL Zitronensaft, frisch gepresst

½ TL Zimt, gemahlen

8 große Granny-Smith-Äpfel (2 kg Gesamtgewicht), geschält, entkernt und in Scheiben geschnitten

185 g frische Cranberrys

2 EL Butter, in dünne Stücke geschnitten

AUSSERDEM

Zucker zum Bestreuen (optional)

Crème fraîche zum Servieren (optional)

KÜCHENHELFER

1 Küchenmesser, 1 Zitronenpresse,
1 Handrührgerät, verschiedene Rührschüsseln,
1 Schneebesen, 1 große Pfanne, 1 Schaumlöffel,
1 hitzebeständige Schüssel, 1 Nudelholz,
2 Backbleche, 2 Gitterroste

Für den Teig Mehl, Maismehl, Zucker und Salz in einer Schüssel mit dem Handrührgerät vermischen. Die Butterstücke zugeben und alles gut vermengen. In einer kleinen Schüssel die saure Sahne und das Eiswasser mischen. Zufügen und alles zu einem glatten, festen Teig verkneten. Zu einer Kugel formen, in Frischhaltefolie wickeln und 20 Minuten in den Kühlschrank legen.

In der Zwischenzeit die Füllung zubereiten. In einer großen Pfanne bei mittlerer Temperatur 125 ml Wasser, Zucker, Honig, Zitronensaft und Zimt vermischen und unter Rühren aufkochen, bis sich der Zucker aufgelöst hat. Die Apfelscheiben zufügen und in 5–7 Minuten weich kochen. Mit einem Schaumlöffel die Äpfel in eine hitzebeständige Schüssel geben. Die Cranberrys ca. 2 Minuten in der Pfanne köcheln, bis sie aufplatzen. Mit dem Schaumlöffel herausheben und zu den Äpfeln geben. Die Flüssigkeit bei hoher Temperatur aufkochen, bis sie leicht reduziert ist. Dann über die Früchte geben.

Den Ofen auf 200 °C vorheizen.

Den Teig in zwei Hälften teilen. Auf einer leicht bemehlten Arbeitsfläche jede Hälfte zu einem Kreis (∅ 30 cm) ausrollen und auf ein Backblech geben. Die Fruchtmischung gleichmäßig auf die beiden Teigkreise verteilen, rundum einen 4 cm breiten Rand unbedeckt lassen. Die Teigränder über die Fruchtmischung falten, sodass sich ein leicht erhöhter Rand ergibt. Die Butterstücke auf den Früchten verteilen und den Rand je nach Belieben mit Zucker bestreuen.

Die Galettes 35–40 Minuten backen, bis der Teig goldbraun ist und die Äpfel zart sind. Nach der Hälfte der Backzeit jeden Kuchen um 180 °C drehen. Die Backbleche je auf einem Gitterrost komplett auskühlen lassen. Nach Belieben mit Crème fraîche servieren.

FÜR 10-12 PERSONEN

WEIN- UND BIERLEITFADEN

Egal ob man für einen Jahres- oder Feiertag einen besonderen Wein öffnet oder
für einen gemütlichen Dinnerabend das passende Bier auswählt – Wein und Bier sind
wie geschaffen für gutes Essen. Hier ein paar praktische Tipps und Empfehlungen.

Die wichtigste Aufgabe von Wein ist, den Geschmack eines Gerichts zu unterstreichen. Auch wenn wir gerne ein Glas Wein allein oder beim Kochen trinken, glauben wir, dass sein wahrer Platz neben dem Essen ist. Nun müssen Sie keine eigene Weinsammlung aufbauen oder sich um das Altern der Weinflaschen in Ihrem Keller Gedanken machen. Aber es empfiehlt sich, mindestens sechs Flaschen immer vorrätig zu haben. Halten Sie den Wein von direkter Sonneneinstrahlung fern und lagern Sie ihn wenn möglich bei gleichbleibender Temperatur unter 20 °C. Weine sind sehr lange haltbar: Rotweine zwei bis zehn Jahre und die meisten Weißweine zwei bis drei Jahre. Möchten Sie eine Auswahl verschiedener Weine lagern, beachten Sie unsere Empfehlungen und Tipps auf Seite 238.

Einige überzeugende Argumente sprechen dafür, dass Bier oft besser zum Essen passt als Wein. Und es passt definitiv besser zu einem heißen Tag voller Gartenarbeit oder nach einem langen Lauf in der Sonne. Wir haben für gewöhnlich einige Flaschen verschiedener Biersorten auf Lager. Zunächst empfehlen wir eine erfrischende und leicht trinkbare Sorte, zum Beispiel ein helles mexikanisches Bier, Lager oder Pilsner. Es gibt einfach keinen Ersatz für ihre durstlöschenden Qualitäten. Aber wir haben auch immer eine

etwas herbere und komplexere Sorte da. Das kann alles sein – von einem sommerlichen belgischen Saisonbier über ein hopfiges India Pale Ale bis hin zu englischem Starkbier. Diese Biere können wärmer und sogar aus Weingläsern getrunken werden, um ihre umfassenden exotischen Aromen zur Geltung zu bringen.

Hier ein paar tolle Snacks, die gut zu Bier passen:

WÜRSTCHEN UND ANDERE FLEISCHSNACKS
Die Deutschen und die Tschechen haben uns diese Kombination gelehrt, und sie ist immer lecker, besonders mit einem Klecks guten Senfs.

PIKANTER KÄSE Sorten wie Cheddar und Colby (amerikanischer Weichkäse) passen wunderbar zu bitteren, hopfenlastigen Bieren wir India Pale Ale, das sich nicht immer leicht einem Gericht zuordnen lässt.

NUSSIGER KÄSE Höhlengereifter Gruyère, Comté und Gouda lassen sich gut mit malzigem und nussbraunem Bier genießen.

MEERESFRÜCHTE Ob gekochte Garnelen mit Cocktailsauce, Krabben oder Austern in der halben Schale serviert – fast alle Krustentiere sind passende Partner für Pilsner und mäßig hopfige Biere.

DER KLEINE WEINKELLER

Champagner oder Schaumwein. Man kann nie wissen, wann man ihn braucht, um etwas zu feiern – vielleicht schon morgen?

Spritzige, erfrischende Weißweine. Halten Sie je eine Flasche Sauvignon Blanc (Neuseeland oder Frankreich) und Riesling (Deutschland, Österreich oder Elsass) vorrätig.

Reichhaltigere Weißweine. Halten Sie zwei Flaschen Chardonnay (Frankreich oder Kalifornien) bereit.

Leichte Rotweine. Beaujolais und Pinot Noir können gut allein oder zu Fleisch und Geflügel getrunken werden.

Mittelmundige Rotweine. Chianti, Rioja und Montepulciano sind einige unserer Favoriten für Mahlzeiten unter der Woche.

Vollmundige Rotweine. Cabernet Sauvignon (Napa oder Bordeaux), Malbec (Argentinien) oder Shiraz (Australien).

Süße Weine. Wir mögen Port oder Madeira. Letzterer ist besonders köstlich zu Desserts und Käse. Auch geöffnet hält er sich für Jahre ohne schlecht zu werden.

DIE WAHRHEIT ÜBER WEINGLÄSER

JA, SIE BENÖTIGEN GUTE WEINGLÄSER Genauso wie Musik aus winzigen Lautsprechern einfach nicht gut klingt, tun schlechte Gläser einem guten Wein keinen Gefallen. Hier zeigen wir Ihnen, welche die wichtigsten Gläser für Ihre Sammlung sind.

BURGUNDER-GLÄSER Diese Gläser haben rundere und weitere Kelche und geringfügig kürzere Stiele als ein Standard-Rotweinglas. So können Weine mit kräftigen Aromen besser atmen. Sie sind für Pinot Noir, Chardonnay oder italienische Rotweine aus Nebbiolo- oder Sangiovesetrauben geeignet.

STANDARD-ROTWEINGLÄSER Sie müssen nicht groß sein, nur weit genug, um den Wein schwenken zu können. Dabei haben sie eine weitere Öffnung als die Burgunder-Gläser. Trinken Sie alle anderen Rotweine aus diesen Gläsern.

KLEINE WEISSWEINGLÄSER Diese vielseitigen Weingläser sollten zierlicher und u-förmiger sein als Rotweingläser. Sie sind gut geeignet für aromatische Weißweine wie Sauvignon Blanc oder Riesling, selbst für Champagner, der in einem Weißweinglas am besten schmeckt.

DESSERTWEINGLÄSER Dies sind die kleinsten unter den Weingläsern, geformt für ein paar süße Schlückchen zum Abschluss des Menüs. Stellen Sie diese Gläser zusammen mit dem Dessert auf den Tisch und schenken Sie Spätleseweine wie Muscadet und Sauternes ein. Anstelle der Dessertweingläser können Sie auch kleine Weißweingläser benutzen.

STIELLOSE GLÄSER Für ein ungezwungenes Beisammensein sind stiellose Gläser sowohl attraktiv als auch funktional. Wenn Sie redend und trinkend in der Küche stehen, werden Sie feststellen, dass sie weniger Gefahr laufen umzukippen. Mit einem sommerlichen Rosé gefüllt, sind sie perfekt für Gartenpartys geeignet.

PARTYGLÄSER Champagnerflöten sehen feierlich aus und ihre Form trägt dazu bei, den Champagner noch prickelnder zu machen. Was den Rest der Bar betrifft: Benutzen Sie v-förmige Gläser mit Stiel für alle gemixten Drinks ohne Eis, Martinigläser für Martinis, Cosmopolitans und alle in einem Mixer gemischten Drinks und Whiskey- und Longdrinkgläser für gemixte Drinks und Softdrinks.

HALTEN SIE DAS WEINGLAS AM STIEL Viele Leute halten das Glas am Kelch, aber in der Weinwelt ist das schlechter Stil – es erhöht die Temperatur des Weins und hinterlässt Fingerabdrücke.

DER GEDECKTE TISCH

Ob es kompliziert oder entspannt ist, den Tisch zu decken hängt von Ihnen ab. Unten finden Sie die Anleitung zu einem traditionellen, formellen Gedeck. Sie können diese Ideen ganz nach Ihren eigenen Vorlieben und nach Anlass variieren oder auf familiäre Weise servieren.

STOFFE Ein schlichtes, neutrales Tischtuch passt zu jeder Gelegenheit. Betrachten Sie Tischtücher, Tischläufer, Platzmatten und Servietten als eine Möglichkeit, den Tisch je nach Jahreszeit immer wieder zu verändern. Sie können Farbe hinzufügen oder ihn für besondere Anlässe fein herausputzen. Legen Sie die gefaltete Serviette links der Gabeln. Die Falte zeigt in Richtung Teller. So kann der Gast beim Hinsetzen gleich die Serviette ausbreiten.

TELLER In der Mitte des Gedecks stapeln Sie die Teller entsprechend der zu benutzenden Reihenfolge. Bei offiziellen Anlässen steht zuunterst der Platzteller. Er erfüllt rein dekorative Zwecke (es wird kein Essen darauf serviert) und verleiht dem Tisch Farbe und einen interessanten Touch. Als Nächstes kommt ein flacher Teller, der für den Hauptgang und die Beilagen verwendet wird. Zum Schluss kommt der Salatteller. Sollten Sie Brot servieren, platzieren Sie einen kleinen Teller direkt oberhalb der Gabeln.

BESTECK Ganz allgemein wird Besteck in der zu benutzenden Reihenfolge von außen nach innen arrangiert. Gabeln liegen links des Tellers. Die Salatgabel liegt ganz links (dies bedeutet jedoch, dass der Salat zuerst serviert wird. Servieren Sie den Salat erst nach dem Hauptgang, passen Sie die Reihenfolge entsprechend an). In der Mitte liegt die Menügabel, die größte Gabel des Gedecks. Die Dessertgabel liegt dem Teller am nächsten. Sie können sie aber auch zusammen mit dem Kaffee und dem Dessert an den Tisch bringen.

Messer und Löffel werden auf der rechten Seite der Teller angeordnet. Das Messer wird rechts des Tellers gelegt, die Schneide nach innen zeigend. Wenn Sie Steak, Kotelett oder Bratenfleisch servieren, können Sie statt des normalen Messers auch ein Steakmesser eindecken.

Legen Sie einen Teelöffel auf die rechte Seite des Messers. Alternativ können sie ihn auch zusammen mit dem Kaffee an den Tisch bringen. Wenn Sie Suppe servieren, platzieren Sie den Suppenlöffel rechts des Teelöffels oder des Messers.

Wenn Sie Brot servieren, legen Sie ein kleines Buttermesser auf den Brotteller.

GLÄSER Stellen Sie ein Whiskey- oder ein Wasserglas oberhalb der Messer ab. Schenken Sie das Wasser ein, bevor die Gäste am Tisch sitzen. Platzieren Sie das Weinglas für den ersten Wein, der serviert wird (gewöhnlich ein Weißwein), rechts von und leicht hinter dem Wasserglas. Für jeden zusätzlichen Wein, den Sie ausschenken möchten, stellen Sie ein weiteres Weinglas rechts neben das vorige Glas. Ordnen Sie die Gläser auf einer leichten Diagonale an.

EXTRARAFFINESSEN Beleuchtung, Musik und Blumen tragen dazu bei, eine gemütliche Atmosphäre zu schaffen. Wählen Sie Votivkerzen oder große Wachskerzen, aber bleiben Sie bei duftlosen Kerzen, die den Essensgeruch nicht verfälschen. Wählen Sie Blumenbouquets von moderater Größe, sodass sie nicht den Blick über den Tisch blockieren. Ein weiteres Highlight sind Platzkärtchen für Ihre Gäste. Eine gut durchdachte Sitzordnung regt die Unterhaltung an und hilft allen, sich wohlzufühlen.

DIE KÜCHENAUSSTATTUNG

Wenn Ihre Hochzeit so war wie unsere, haben Sie bestimmt viele Geschenke bekommen – einige davon fantastisch, andere weniger. Es ist schon bemerkenswert: Ein paar Dinge haben wir uns gewünscht, aber noch immer nicht benutzt. Andere hingegen – zum Beispiel den Sandwichtoaster – haben wir uns gar nicht gewünscht, aber mögen sie inzwischen sehr.

KOCHGESCHIRR, BACKGESCHIRR UND ELEKTROGERÄTE

☐ **BRATENTOPF**
Ein schwerer, gusseiserner Topf, beispielsweise von Le Creuset, ist für Ofen und Herd gleichermaßen geeignet.

☐ **BRATPFANNEN**
Eine antihaftbeschichtete, eine normale (vorzugsweise rostfreier Edelstahl mit einem Aluminium- oder Kupferkern für gute Wärmeleitung) und eine gusseiserne Pfanne sind empfehlenswert. Streben Sie eine Auswahl verschiedener Größen an. Außerdem benötigen Sie eine große und eine kleine Pfanne mit Deckel zum Pochieren von Eiern, zum Dünsten und natürlich zum Braten.

☐ **GRILLPFANNE**
Eine Grillpfanne ist eine gute Alternative für Rezepte, die einen Kohle- oder Gasgrill erfordern.

☐ **BRÄTER**
Eine große und massive rechteckige Pfanne zum Garen großer Braten wie Truthahn.

☐ **TÖPFE**
Sie brauchen mindestens drei: einen kleinen, einen mittleren und einen großen.

☐ **SUPPENTOPF**
Neben dem Kochen von Bouillons eignet sich dieser hohe, schmale Topf auch gut für Pasta, Hummer und andere Lebensmittel, die viel Platz im Topf benötigen.

☐ **AUFLAUFFORMEN**
Eine rechteckige und eine quadratische aus Glas sind ein guter Ansatz. Typische Größen sind 23 x 33 cm und 20 cm im Quadrat. Eine quadratische Form mit 23 cm benutzen wir für Lasagne (Seite 161) und Granita (Seite 145).

☐ **BACKBLECHE**
Mindestens zwei sind nötig. Ein normales zum Backen von Keksen und Gebäck und ein tiefes, zum Beispiel zum Grillen und Braten von Gemüse.

☐ **KUCHENFORMEN**
Zwei massive Metallformen (⌀ 20 oder 28 cm) zum Backen von Schichttorten.

☐ **FLACHE KUCHENFORM**
Unsere Keramikform (⌀ 23 cm) ist so schick, dass wir sie direkt aus dem Ofen auf den Tisch stellen können. Außerdem ist sie ein wenig tiefer und fasst daher mehr Teig als herkömmliche Formen.

☐ **TARTEFORM**
Typischer Durchmesser ist 24 oder 28 cm. Der Boden ist herausnehmbar und die Form hat geriffelte Ränder, sodass man schöne, von französischer Backkunst inspirierte Torten backen kann.

☐ **MUFFINFORM**
Einer Standard-12er-Muffinform ist gleich doppelt nützlich: für Cupcakes und Muffins.

☐ **MIXER**
Es ist gut, zwei Arten von Mixern zu haben: einen Standmixer und einen Pürierstab. Der erste ist bestens geeignet, um Smoothies, Milchshakes und Cocktails zu mixen, während der Pürierstab praktisch ist, um Suppen direkt im Topf zu pürieren.

☐ **HANDRÜHRGERÄT**
Ein kleines, leichtes Handrührgerät ist gut, um verschiedene Teige zu rühren und Eier und Sahne zu schlagen.

☐ **KÜCHENMASCHINE**
Diese Maschine und ihre Aufsätze können so viel – mixen, hacken, pürieren, reiben, kneten –, dass man gar nicht mehr ohne sie leben mag.

KÜCHENWERKZEUG

☐ **RÜHRSCHÜSSELN**
Wir benutzen unser Set aus sechs nichtrostenden Edelstahlschüsseln für alles, was wir verrühren müssen. Sie sind leicht, robust und lassen sich wie Matroschkapuppen kuschelig zusammenstapeln.

☐ **DURCHSCHLAG UND SIEB**
Ein Durchschlag zum Abtropfen von Pasta und Gemüse und ein feines Sieb für alles andere.

☐ **MESSER**
Zwei Küchenmesser, 20 und 28 cm lang, aus Stahl oder rostfreiem Edelstahl für einfaches Schneiden, ein oder zwei Gemüsemesser, ein langes Brotmesser und ein Wetzstab oder Messerschärfer.

☐ **REIBEN**
Eine Vierkantreibe für große Gemüse und eine flache Reibe für Zitronenschale, Ingwer und Käse.

☐ **SPARSCHÄLER**
Ein Schäler mit beweglicher Klinge zum Schälen von Gemüse und Früchten sowie zum Raspeln von Käse und Schokolade.

☐ **MÖRSER UND STÖSSEL**
Ideal zum Zerdrücken, Mahlen oder Vermischen kleinerer Mengen. Unserer ist aus Marmor.

☐ **LÖFFEL, TEIGSCHABER UND SCHÖPFKELLEN**
Verschiedene Kochlöffel, Teigschaber aus Silikon zum Verstreichen, ein großer Schaumlöffel aus Metall, um feste Lebensmittel aus flüssigen zu entnehmen, einen Pfannenwender aus Metall und eine Kelle für Suppen, Eintöpfe oder Teig.

☐ **SCHNEEBESEN**
Ein großer und ein kleiner.

☐ **KÜCHENZANGE**
Zwei Zangen mit Scharnier aus nichtrostendem Edelstahl zum Anheben oder Wenden von Lebensmitteln, ohne sie dabei anzustechen.

☐ **FLEISCHKLOPFER**
Ein Fleischklopfer mit Griff erledigt schnell das gleichmäßige Flachklopfen von knochenlosem Fleisch.

☐ **SCHEREN**
Eine robuste Schere zum Schneiden von Kräutern bis hin zu Backpapier sowie eine Geflügelschere.

☐ **MESSBECHER UND KÜCHENWAAGE**
Ein oder zwei Messbecher für Flüssigkeiten (einer mit 500 ml Fassungsvermögen) sowie eine Küchenwaage.

☐ **PINSEL UND BÜRSTE**
Eine grobe Bürste zum Gemüseputzen und zwei feine Backpinsel: einen für Herzhaftes und einen für Süßes.

☐ **NUDELHOLZ**
Wählen Sie ein schweres von guter Qualität.

☐ **ZITRONENPRESSE**
Suchen Sie sich eine Presse aus, die groß genug ist, um Orangen zu pressen. Zitronen und Limetten lassen sich ebenfalls damit auspressen.

☐ **PFEFFERMÜHLE**
Kaufen Sie eine große Mühle von guter Qualität, sodass Sie den Mahlgrad anpassen können.

☐ **THERMOMETER**
Ein digitales Bratenthermometer zum Überprüfen des Garpunkts von Fleisch, Geflügel und Meeresfrüchten sowie ein Zuckerthermometer, um die Temperatur von Öl oder Zuckersirup zu testen.

☐ **HOLZSCHNEIDEBRETT**
Sie benötigen zwei Schneidebretter, eins für Fleisch, Geflügel und Meeresfrüchte und eins für Gemüse und anderes. Ein Tranchierbrett mit einer Auffangrinne für Säfte ist ebenfalls praktisch.

☐ **GITTERROST**
Zum Abkühlen von Kuchen, Keksen und allem, was sonst noch abkühlen muss.

☐ **DÄMPFEINSATZ**
Ein faltbarer Metallkorb, der in verschieden große Töpfe oder Pfannen passt.

☐ **SALATSCHLEUDER**
Beseitigt alle Sorgen um nasses Grünzeug im Salat.

☐ **KORKENZIEHER**
Ein einfacher Kellnerkorkenzieher ist völlig ausreichend.

☐ **KARTOFFELSTAMPFER**
Wählen Sie einen Stampfer mit einem stabilen Drahtgitter und einem massiven Griff.

TIPPS FÜR DIE KÜCHENORGANISATION

- Die ideale Küche ist sowohl gemütlich als auch funktional. Wenn möglich schaffen Sie zwei separate Arbeitsbereiche, beide ausgestattet mit einem Schneidebrett und viel Arbeitsfläche, sodass zwei Köche bequem zusammenarbeiten können.

- Wir sind Fans offener Regale und sogar von Schränken ohne Türen. So können Sie Ihr Geschirr präsentieren und kommen gleichzeitig einfach an alles heran.

- Dinge, die immer in Reichweite stehen sollten: Rührschüsseln, Messer, Kochlöffel und Teller.

- Lagern Sie Töpfe und Pfannen dicht beim Herd. Wenn Ihre Küche klein, aber die Decke massiv ist, hängen Sie ein Gitter für Töpfe und Pfannen auf. Das schafft Platz und macht die Küche heimelig.

- Erledigen Sie Arbeiten am Schneidebrett in der Nähe des Waschbeckens. So können Sie das Brett nach jedem Arbeitsgang schnell abspülen.

- Wir bewahren unsere Holzkochlöffel in einem Steintopf neben dem Herd auf. Löffel aus Metall lagern wir getrennt, weil es so einfach schöner aussieht.

- Seien Sie nicht nachlässig bei der Lagerung Ihrer Messer, andernfalls riskieren Sie Verletzungen an den Händen sowie stumpfe und beschädigte Klingen. Benutzen Sie einen Messerblock oder lagern Sie die Messer in einem Messerkasten in der Schublade.

- Gute Beleuchtung ist unentbehrlich, besonders am Herd. Ist die Raumbeleuchtung nicht ausreichend, überlegen Sie, eine Lampe direkt über dem Herd anzubringen.

DAS WICHTIGSTE

- Nudeln (vier Sorten: Fettuccine, Spaghetti, Penne und Couscous)

- Dosentomaten und Tomatenmark

- Dosenthunfisch, Venusmuscheln aus der Dose und Sardellenfilets aus der Dose oder aus dem Glas

- Getrocknete und Dosenbohnen (schwarz, weiß und Kichererbsen)

- Reis (weißer und Naturreis)

- Getreide (Quinoa, Farro)

- Mehl, Backpulver und Backnatron

- Zucker (normaler, brauner und feinster Zucker)

- Salz (koscheres und Meersalz)

- Kapern, Oliven und eingelegtes Gemüse

- Worcestersauce, Sojasauce und verschiedene Senfe

- Verschiedene Öle (siehe rechts)

- Essig (Weißwein-, Rotwein- und Apfelessig)

- Knoblauch und Zwiebeln

DIE VORRATSKAMMER

Die Speisekammer ist der interessanteste Teil der Küche und wir pflegen sie, wie unsere Mütter ihre Gärten hegen und pflegen: Ständig jäten wir alte Zutaten, dünnen aus und setzen neue köstliche Lebensmittel in die Regale.

Vielleicht denken Sie ja, dass Vorratskammern nur für Grundnahrungsmittel wie Mehl, Zucker und Haferflocken bestimmt sind. Dann werden Sie sich sicher fragen, was daran so interessant sein soll. Aber die besten Vorratskammern umfassen weit mehr als die alltäglichen Zutaten. Unsere zum Beispiel beherbergt außergewöhnliche aromatische Gewürze, die wir aus Europa mitgebracht haben. Gourmetzutaten in Dosen wie San Marzano Tomaten oder in Olivenöl eingelegter Thunfisch. Und Geschmacksträger wie Vanillebohnen aus Madagaskar, in Salz eingelegte Kapern, Balsamicoessig und Bonitoflocken. Außerdem sollten in der Vorratskammer wichtige Beilagen gelagert werden, beispielsweise Quinoa, weiße Bohnen, Farro und Couscous.

Und zu guter Letzt: Wenn Sie hungrig sind und nichts Frisches im Kühlschrank haben, zaubern Sie ein Vorratskammergericht nur aus dem, was Sie auf Lager haben. Auf diese Weise können unvergesslich gute und kreative Gerichte wie weißer Bohnensalat, gebratener Reis oder Pasta mit Tomaten, Oliven und Thunfisch aus der Dose entstehen. Einige unserer leckersten Gerichte sind genau so zustande gekommen, zusammengeworfen nach einem langen Wandertag oder nach einer Party am Vorabend.

Bevorraten Sie Ihre Speisekammer gut, sind Sie auf alle Eventualitäten vorbereitet. Von einigen Zutaten werden Sie nur hier und da eine Prise benötigen. Andere sind kulinarische Schätze, die den Unterschied zwischen einem guten und einem großartigen Gericht ausmachen.

EIN WORT ZU ÖLEN

Halten Sie verschiedene Öle vor Licht geschützt in der Speisekammer oder im Schrank vorrätig. Wir haben immer Olivenöl zum Kochen und gutes Olivenöl, extra vergine, zum Abrunden zur Hand. Außerdem haben wir Rapsöl oder andere neutrale Öle wie Traubenkernöl da. Ebenso ein schönes Nussöl, zum Beispiel Haselnuss- oder Walnussöl, für Salatdressings.

KRÄUTER UND GEWÜRZE

Aus Angst, den Geschmack guter Zutaten zu übertönen, sind wir mit Kräutern und Gewürzen beim Kochen sehr vorsichtig. Trotzdem haben wir immer welche zur Hand. Hier eine Liste der frischen oder getrockneten Kräuter und Gewürze, die wir ständig vorrätig haben.

BASILIKUM Die Basilikumpflanze ist anspruchsvoller als Petersilie, aber wenn Sie es schaffen, sie am Leben zu halten, haben Sie immer etwas Passendes zu Tomaten.

CHILIPULVER Eine gute Möglichkeit, Fleisch und vegetarischen Gerichten einen feurigen Geschmack zu geben.

CURRYPULVER Eines unserer liebsten Gewürze zum Veredeln von tollen Gerichten.

DILL Wir mögen den feinen, süßlichen Geschmack von frischem oder auch getrocknetem Dill in leichten Salatdressings.

FENCHELSAMEN Diese aromatischen Samen fügen Ragouts oder Würzmischungen für Fleisch eine besondere Note hinzu.

GLATTE PETERSILIE Sie wächst unproblematisch drinnen auf der Fensterbank und eignet sich gut für Garnierungen.

KARDAMOM Dieses aromatische, süße Gewürz schmeckt einfach in allen Gerichten: von Eintöpfen über Kekse bis hin zu Cocktails.

KREUZKÜMMEL Dieses Gewürz passt in große Bohneneintöpfe, die wir fast jede Woche machen.

MINZE Unsere Minzpflanze erfüllt einen doppelten Zweck. Wir nutzen die Blätter, um Gerichte zu würzen (insbesondere Obstsalate und Lamm) und für einen schönen Tee nach dem Essen.

OREGANO Kleine Mengen dieses aromatischen getrockneten Krauts geben wir gerne in Ragouts.

ROSMARIN Der Strauch, den wir in unseren Vorgarten gepflanzt haben, wächst und gedeiht. Wir schneiden häufig Zweige davon ab.

SALZ Halten Sie während des Kochens neben dem Herd eine kleine Schüssel kosheren Salzes (es ist einfacher zu streuen und löst sich besser auf als herkömmliches Salz) und eine größere Packung zum Einlegen und zum Salzen von Nudel- und Gemüsewasser bereit.

SCHWARZE PFEFFERKÖRNER Mahlen Sie sie in einer Pfeffermühle mit einem feinen und einem groben Mahlgrad.

THYMIAN Der einfach anzubauende Thymian ist unser Nummer-1-Gewürz für Geflügel.

TIPPS FÜR DEN GEFRIERSCHRANK

Wir sehen den Gefrierschrank als Erweiterung der Vorratskammer an, perfekt für schnelle Gerichte, wenn die Zeit zum Einkaufen fehlt.

Halten Sie ihn gut befüllt.
Wir haben immer ein Huhn aus Freilandhaltung, einige Steaks und Würstchen, gefrorene Früchte (für Smoothies), Hühnerbrühe, Erbsen und ein paar Scheiben geschnittenes Brot vorrätig.

Beschriften, beschriften, beschriften.
Wir kleben auf jedes Päckchen, das wir einfrieren, ein Etikett mit Inhalt und Einfrierdatum. Einfrieren ist eine gute Methode, um alle möglichen Arten von Essen haltbar zu machen. Nach einiger Zeit verlieren die Lebensmittel jedoch ihren Geschmack und die Konsistenz. Daher sollten Sie regelmäßig überprüfen, wann etwas eingefroren wurde.

Doppelt eintüten oder vakuumverpacken
Es ist wichtig, die Lebensmittel vor Gefrierbrand oder Oxidation zu schützen, daher sollten Sie vor dem Einfrieren alles gut verpacken.

GRUNDREZEPTE

*Die folgenden Rezepte sind die Grundlage vieler verschiedener Gerichte.
Auch wenn einige dieser Dinge einfach im Supermarkt gekauft werden können,
werden Sie feststellen, dass sie selbst zubereitet um einiges besser schmecken. Vieles
können Sie auch im Voraus machen, zum Beispiel an einem ruhigen Wochenende,
wenn Sie Zeit zum Kochen haben. Danach einfach einfrieren, bis Sie es benötigen.*

HÜHNERBRÜHE

2½ kg Hühnerklein

1 gelbe Zwiebel, geviertelt

2 Möhren, geschält und halbiert

1 Stange Staudensellerie, halbiert

2 Stängel frische glatte Petersilie

1 frischer Thymianzweig

1 Lorbeerblatt

Die Hühnerteile zusammen mit
4 Litern Wasser in einem großen
Suppentopf zum Kochen bringen.
Die Temperatur reduzieren und
mit einem großen Löffel den
Schaum abschöpfen, der sich an
der Oberfläche bildet. (Schöpfen
Sie jedoch nicht das Fett ab, da
es Geschmacksträger ist.) Die
restlichen Zutaten zugeben und
offen ca. 3 Stunden köcheln lassen,
bis die Brühe kräftig duftet und
golden gefärbt ist. Durch ein
feines Sieb seihen und abkühlen
lassen. Fett von der Oberfläche
abschöpfen. Sofort verwenden, bis
zu 3 Tage im Kühlschrank lagern
(das beim Kaltstellen entstehende
feste weiße Fett abschöpfen) oder
bis zu 6 Monate einfrieren.

ERGIBT CA. 3 LITER

RINDERBRÜHE

3 kg fleischige Rinderbeinscheiben
und -haxen

3 Möhren, geschält und halbiert

2 gelbe Zwiebeln, geviertelt

3 Stangen Staudensellerie, halbiert

4 Zweige frische glatte Petersilie

2 frische Thymianzweige

½ Lorbeerblatt

5 ganze Pfefferkörner

Den Ofen auf 220 °C vorheizen.
Das Rindfleisch in einen Bräter
legen und unter einmaligem
Wenden 20–25 Minuten braten,
bis das Fleisch Farbe bekommen
hat. Mit 5 Litern Wasser in einen
großen Suppentopf geben und
zum Kochen bringen.

In der Zwischenzeit den Bräter
mit dem Bratensaft bei mittlerer
Temperatur auf zwei Herdplatten
erhitzen. 80 ml Wasser zugeben
und zum Köcheln bringen. Unter
Rühren mit dem Kochlöffel den
Bratensatz lösen. Den aromatischen Bratensaft in den Kochtopf
gießen.

Sobald die Brühe kocht, mit
einem großen Löffel den Schaum
von der Oberfläche schöpfen.
Die restlichen Zutaten zugeben
und die Temperatur reduzieren.
Offen ca. 5 Stunden köcheln lassen, bis die Brühe kräftig duftet
und eine hellbraune Färbung angenommen hat. Durch ein feines
Sieb seihen und komplett auskühlen lassen. Fett von der Oberfläche abschöpfen. Sofort verwenden, bis zu 3 Tage im Kühlschrank
lagern (das beim Kaltstellen entstehende feste weiße Fett abschöpfen) oder bis zu 6 Monate
einfrieren.

ERGIBT CA. 3 LITER

GEMÜSEBRÜHE

2 gelbe Zwiebeln, in dicke Ringe
geschnitten

1 Stange Lauch, geputzt und
in dicke Ringe geschnitten

2 Möhren, geschält und grob
gehackt

2 Stangen Staudensellerie,
grob gehackt

4 Zweige frische glatte Petersilie

6 ganze Pfefferkörner

1 Lorbeerblatt

2 frische Thymianzweige

Alle Zutaten mit 4 Litern Wasser
in einem großen Suppentopf zum
Kochen bringen. Offen ca. 1 Stunde köcheln lassen. Die Brühe durch
ein feines Sieb seihen. Dann das
Gemüse entsorgen. Die Brühe
sofort verwenden, bis zu 3 Tage
im Kühlschrank lagern (das beim

Abkühlen entstehende feste weiße Fett abschöpfen) oder bis zu 6 Monate einfrieren.

ERGIBT CA. 3½ LITER

PIZZATEIG

440 g Brotmehl, plus etwas zum Bestäuben

45 g Grießmehl (alternativ Grießpulver)

2 TL Trockenhefe

1½ TL feines Meersalz

250 ml Wasser

3 EL Olivenöl, extra vergine, plus Öl zum Einfetten

In einem Standmixer Mehl, Grieß, Hefe und Salz vermengen. Dann erst das Wasser, anschließend das Öl zufügen. Den Teig auf eine bemehlte Arbeitsfläche geben und 2–3 Minuten durchkneten, bis er glatt und elastisch ist. Zu einer Kugel formen.

Eine große Schüssel leicht einölen. Den Teig hineingeben, mit Frischhaltefolie abdecken und ca. 1½ Stunden an einem warmen Ort gehen lassen, bis sich das Volumen verdoppelt hat.

Den Teig kräftig auf die Arbeitsfläche klopfen und kurz kneten, um Luftblasen zu entfernen. Dann den Teig dünn ausrollen. Wird der Teig nicht sofort verarbeitet, zu einer Kugel formen und in einen verschließbaren Gefrierbeutel geben. Im Kühlschrank kann er 1 Tag, im Gefrierschrank bis zu einem Monat gelagert werden. Vor dem Gebrauch auf Zimmertemperatur erwärmen lassen.

ERGIBT 750 G TEIG

PASTATEIG

315 g Mehl, plus Mehl je nach Bedarf

1 EL Grieß

½ TL feines Meersalz

1 Prise Muskatnuss, frisch gerieben

3 extragroße Eier, leicht verquirlt

1–2 EL Olivenöl, extra vergine

In einer Küchenmaschine Mehl, Grieß, Salz und Muskatnuss kurz vermengen. Die Eier zufügen und verkneten. Dann 1 Esslöffel Olivenöl zugeben und so lange kneten, bis der Teig krümelig wird. Der Teig sollte sich anschließend zu einer glatten Kugel formen lassen. Ist er zu feucht oder klebrig, 1–2 weitere Esslöffel Mehl zugeben und kurz verkneten. Ist er zu trocken, 1 weiteren Esslöffel Olivenöl zugeben.

Den Teig auf eine leicht bemehlte Arbeitsfläche geben und kneten, bis er glatt und fest, aber elastisch ist. In Frischhaltefolie wickeln und bei Zimmertemperatur 30 Minuten stehen lassen.

Zum Ausrollen den Teig in 4 gleich große Stücke teilen. 3 Stücke in Folie wickeln, das vierte kurz auf einer bemehlten Fläche kneten. Die Rollen der Nudelmaschine auf die weiteste Einstellung stellen und den Teig durchkurbeln. Den Teig 3 Mal falten und erneut durch die Maschine ziehen. Die Prozedur 2 oder 3 Mal wiederholen, bis der Teig weich ist. Die Rollen auf die nächstkleinere Weite stellen und den Teig 2 Mal durchkurbeln. Erneut eine Einstellung schmaler wählen und den Teig

2 Mal durchziehen. So lange eine Einstellung kleiner wählen und den Teig 2 Mal durchkurbeln, bis die Teigplatte lang und sehr dünn ist.

Den Teig auf eine bemehlte Arbeitsfläche geben und in 10 x 13 cm große Rechtecke für Lasagne oder laut Rezeptanweisung schneiden. Den Vorgang mit den übrigen 3 Teigportionen wiederholen.

ERGIBT 500 G TEIG

TOMATENSAUCE

3 EL Olivenöl, extra vergine

5 Knoblauchzehen, gehackt

1,5 kg frische Eiertomaten oder 875 g Eiertomaten aus der Dose, zerdrückt

1 Lorbeerblatt

2 TL Zucker

Salz

Pfeffer, frisch gemahlen

30 g frisches Basilikum, gezupft

Das Olivenöl bei mittlerer Temperatur in einem Topf erhitzen. Knoblauch zufügen und ca. 4 Minuten braten, bis er rundum Farbe genommen hat. Von der Herdplatte nehmen.

Frische Tomaten entkernen und vierteln. Nacheinander in einem Standmixer zu einer weichen Masse pürieren und dann durch ein grobmaschiges Sieb in den Topf seihen. Dosentomaten direkt in den Topf geben.

Lorbeerblatt Zucker, 1 Teelöffel Salz und etwas gemahlenen Pfeffer zugeben. Bei mittlerer Temperatur aufkochen. Die Hitze dann reduzieren und offen ca. 45 Minuten köcheln lassen, bis die Sauce dickflüssig ist. Basilikum zugeben und weitere 5 Minuten köcheln. Mit Salz und Pfeffer abschmecken. Sofort verwenden oder leicht abkühlen lassen, wenn die Sauce für Lasagne benutzt werden soll. Die Sauce hält sich im Kühlschrank bis zu 1 Woche oder bis zu 6 Monate im Gefrierschrank.

ERGIBT 750 ML

POLENTA

Salz

220 g Polenta

Einen Topf mit 750 ml Salzwasser bei hoher Temperatur zum Kochen bringen. Nach und nach die Polenta unter ständigem Rühren ins Wasser geben. Die Temperatur reduzieren und 10–15 Minuten leicht köcheln lassen, dabei weiterrühren. Wenn die Polenta die ganze Flüssigkeit aufgenommen hat und weich ist, sofort servieren. Für Polenta-Ecken diese in eine leicht gefettete Backform mit einer Tiefe von 4 cm geben. Nach ca. 2 Stunden die abgekühlte Polenta in Rechtecke schneiden und servieren.

FÜR 4–6 PERSONEN

FRISCHES PANIERMEHL

4 große Scheiben altbackenes Landbrot oder 1 altbackenes Baguette

Die Kruste des Brots entfernen. Das Brot in Stücke reißen und mithilfe einer Küchenmaschine zerkleinern. Für feineres Mehl etwas länger mixen. Frisches Paniermehl kann in einem fest verschlossenen Plastikbeutel bis zu 1 Monat gelagert werden.

ERGIBT CA. 60 G

Anmerkung: Für Croûtons den Ofen auf 165 °C vorheizen. Die auseinandergerissenen Brotstücke in 1 Esslöffel gutem Olivenöl und 1 Prise Salz schwenken. Auf einem Backblech verteilen und 12–15 Minuten rösten, bis sie goldbraun und knusprig sind.

HART GEKOCHTE EIER

Salz

4 große Eier

Eiskaltes Wasser zum Abschrecken bereitstellen. 1 Liter Wasser in einem Topf bei hoher Temperatur aufkochen. Die Eier vorsichtig mit einem Schaumlöffel in das Wasser geben und die Temperatur zu einem sanften Köcheln reduzieren. Die Eier nach genau 8 Minuten mit einem Schaumlöffel aus dem Wasser nehmen und ins Eisbad geben, um den Kochprozess zu stoppen. Sobald die Eier nach 30–60 Sekunden kalt sind, lassen sie sich leichter schälen.

ERGIBT 4 HART GEKOCHTE EIER

MAYONNAISE

1 großes Ei

1 TL Dijon-Senf

1 TL Zitronensaft oder Weißweinessig

1 TL koscheres Salz

¼ TL Pfeffer, frisch gemahlen

180 ml Pflanzenöl

180 ml Olivenöl, extra vergine

Das Ei in der Schale in einer Schüssel mit heißem Leitungswasser 5 Minuten erwärmen. In einen Standmixer schlagen und mit Senf, Zitronensaft, Salz und Pfeffer verrühren. Die Öle vermengen und bei laufendem Mixer langsam zur Eimischung gießen (dies sollte mehrere Minuten dauern), sodass sich eine dickflüssige Mayonnaise ergibt. 1 Esslöffel heißes Wasser zugeben.

ERGIBT 430 G

CRÈME FRAÎCHE

250 g Crème double

1 EL Buttermilch

Die Zutaten in einem kleinen Topf verrühren und bei mittlerer Hitze erwärmen. Nicht kochen. Von der Herdplatte nehmen und lose abdecken. Bei warmer Zimmertemperatur je nach Geschmack 8 bis 48 Stunden dick und sauer werden lassen. Sobald die Creme die gewünschte Konsistenz und den gewünschten Geschmack hat, kalt stellen, bevor sie verwendet wird.

ERGIBT 250 G

REGISTER

5 4 3 2 1   17 16 15 14 13
978-3-88117-908-9

Übersetzung: Julia Becher
Redaktion: Christin Geweke
Satz: typocepta, Köln
© 2013 Verlag W. Hölker GmbH,
Hafenweg 30, 48155 Münster, Germany
Alle Rechte vorbehalten, auch auszugsweise

Printed in China

www.hoelker-verlag.de

Die amerikanische Originalausgabe ist bei Weldon
Owen Inc. erschienen unter dem Titel:
Two in the Kitchen

Fotografie: Kate Sears
Illustrationen: Louise Morgan
Redaktion: Julia Humes
Übersetzung © Verlag W. Hölker GmbH 2013,
übersetzt unter Lizenz von Copyright ©
Weldon Owen Inc.

DANKSAGUNG

Christie und Jordan: Wir danken unseren Eltern dafür, dass sie
uns die Werte des gemeinsamen Kochens und Essens gelehrt haben.
Und dafür, dass sie uns eine tiefe Liebe für das Großartigste überhaupt
mitgegeben haben: köstliche, selbst gekochte Mahlzeiten.

BILDRECHTE

Alle Fotos von Kate Sears, außer:
Maren Caruso: 209 (oben rechts); Ray Kachatorian: 12, 121 (oben rechts, unten
links), 169 (oben links und rechts); John Kernick: 135 (unten); Soleil Konkel:
7 (oben); Erin Kunkel: Cover, 4–5, 11, 14–15, 20; Kana Okada: 209 (unten links);
Petrina Tinslay: 209 (unten Mitte); Tucker + Hossler: 209 (unten rechts).

ZUSÄTZLICHE FOTOS MIT FREUNDLICHER GENEHMIGUNG VON:

Julie und Matt Walker: 6, 38–39; Saukok und Jamie Tiampo: 6, 52–53; Mindy
Segal und Dan Thompkins: 6, 78–79; Aki Kamozawa und Alex Talbot: 6, 90–91;
Andrea Reusing und Mac McCaughan: 134–135; Molly Wizenberg und Brandon
Pettit: 7, 182–183; Lisa und Emmett Fox: 7, 224–225.